Die deutsche Erstausgabe erschien im Januar 2020
im Selbstverlag

Autorin/Herausgeber Martina Simonsen

ISBN: 9783754619278
Independently published

1. Auflage
Umschlag und Satz: Martina Simonsen

Impressum

Martina Simonsen
Hauptstr.1
57612 Helmeroth
mail@martinasimonsen.de

Herstellung und Druck über tolino media GmbH & Co. KG,
Albrechtstr. 14, 80636 München. Printed in Germany.
Fragen zu Produktsicherheit an: gpsr@tolino.media.

Die kleine Zen-Fibel

Wirksame Methoden zur Stressbewältigung

Werde zum Meister Deines Alltags!

Martina Simonsen

Wer kennt heutzutage nicht die Auswirkungen von Stress auf das Berufsleben und das private Lebensumfeld? Allzu oft können wir jedoch an den äußeren Bedingungen nicht so viel verändern, müssen uns wohl oder übel damit arrangieren. Was wir jedoch ändern können, ist unsere Denkweise und unsere Strategie, mit den täglichen Belastungen besser umzugehen. Das vorliegende Buch ist allgemein verständlich geschrieben und hilft, die Wirkungsweise von Stress auf unseren Körper und unser Gehirn zu verstehen.

Die kleine Zen-Fibel ist ein praktischer Leitfaden mit direktem Alltagsbezug. Ausgewählte asiatische Zitate und Geschichten spannen die Brücke zwischen östlicher Weisheit und westlicher Lebensart. Die Autorin zeigt grundlegende Prinzipien der Zen-Lehre auf und überträgt sie auf die Lebensgewohnheiten des Menschen - Arbeitswelt, Familie und alles Alltägliche stehen im Zentrum der Beobachtung. Die Methoden, die zusätzlich als Übungen dargereicht werden, lassen sich als Bewusstseinstechniken zusammenfassen. Erfolgreich angewendet können Sie präventiv gegen Stress wirken. Mit mentaler Stärke können wir Krisen und Veränderungen besser begegnen. Einige dazugehörige Werkzeuge kann man auf einfache Art und Weise trainieren!
Das Buch besticht durch seine Einfachheit und die Auswahl praxisorientierter Gedanken. Die Autorin verfügt über einen medizinisch-therapeutischen beruflichen Hintergrund, sodass die westliche Gesundheitslehre sinnvoll und widerspruchsfrei um nützliche Praktiken ergänzt wird.

Für Sonja

"Nach langem gesunden Schlaf in
bambusschattener Stille, bin ich der Hast
des Tages weit entrückt."
Aus Asien

Wenn ich über eine Lebensspanne nachdenke, dann ist es oft so, dass es sich anfühlt, als säßen wir alle in einem Zug. Im Zug des Lebens. Und die Zeit, sie rauscht am Fenster an uns vorbei. Nur schemenhaft bleiben die Erinnerungen an den Blick nach draußen bestehen.
Wäre es nicht toll, wir könnten mehr Momente festhalten und unsere Erinnerungen mit mehr tiefen Eindrücken füllen?

Website
Martina Simonsen

Über die Autorin:
Martina Simonsen, Jahrgang 1970, lebt und arbeitet in einem Ort im Westerwald/Kroppacher Schweiz. Ausgebildet zur staatlich examinierten Ergotherapeutin und fortgebildet zum Stress- und Mentalcoach. Seit 2010 beruflich selbstständig als Mediengestalterin und digitale Nomadin mit zahlreichen Unternehmungen im Bereich E-Commerce und Grafik Design. Seit Ihrer Jugend beschäftigt sie sich ausgiebig mit Zen, Buddhismus, Philosophie und Psychologie.
Die Erkenntnisse aus allen Geisteswissenschaften wendet sie in täglicher Praxis regelmäßig an.

Ebenso erschienen: Das Trainingsbuch zur „Zen-Fibel“
„Mit Achtsamkeit durch die Woche“ – Praktisches Tagebuch für Klarheit im Denken und Fühlen, Mindset (2020/2025)

Inhaltsverzeichnis

Sehr geehrte Leserin, sehr geehrter Leser!

Sie haben sich für den Kauf meines Buches entschieden, was mich sehr freut! Vielen Dank dafür.

Als ich 1986 den Roman „Siddhartha“ von Hermann Hesse las, ahnte ich nicht, dass mich die Geschichte des Siddhartha Gautama noch lange begleiten würde. Ich muss schon damals gespürt haben, dass es noch eine andere Art zu denken gibt, die meinem Wesen näher war, als unsere westliche, christlich geprägte Weltanschauung!
Frei von Gott, Schuld und Sünde, den Verstand irgendwie anders benutzend, eröffnete sich mir eine in sich stimmige Gedankenwelt: der Buddhismus! Bis heute sauge ich asiatische Weisheiten in mich auf und lasse mich gerne belehren von Autoren wie Jack Kornfield, dem Dalai Lama oder anderen buddhistischen Meistern.

Eine besonders bedeutsame Richtung der asiatischen Weltsicht ist jedoch der Zen-Buddhismus. So mancher hat schon versucht, ihn zu erklären, jedoch entzieht sich seine Magie der Logik unseres Denkens. Seine Prinzipien sind universell und haben auch für die westliche Alltagswelt ihre Gültigkeit.

Mein Buch hat gewollt keine mehrere hundert Seiten und versteht sich als verständlicher, wirksamer Ratgeber zur Stressbewältigung - mit hilfreichen Ideen und Übungen am Ende jedes Kapitels. Zen ist mein Weg geworden und gerne möchte ich ein Stück davon mit Ihnen teilen.

Da ich selbst vor nun über 10 Jahren andauernde Erschöpfungserscheinungen hatte, kam mir die Idee zu diesem Arbeitsbuch. Ich erkannte damals, dass ich an meinem Denken etwas ändern muss, um

weniger Stress und wieder mehr Lebenssinn zu erfahren.
Die Schritte dieses langen und schönen Weges habe ich nun versucht, in Aspekten zen-buddhistischen Denkens zu veranschaulichen. Nebenwirkungen sind mir nicht bekannt, außer dass Sie mit einem erweiterten Bewusstsein rechnen dürfen!

Ich freue mich, wenn auch Sie einen Nutzen daraus ziehen mögen! Viel Freude beim Lesen!

Martina Simonsen

Anleitung zum besseren Verständnis

Lesen Sie das Buch vom Anfang bis zum Ende, die Inhalte bauen logisch aufeinander auf. Wenn Sie ein Kapitel gelesen haben, legen Sie das Buch am besten für eine Weile aus der Hand und widmen sich den Denkanstößen und dem praktischen Teil.
Denn darum geht es schließlich in diesem Buch!

Um den Lesefluss nicht unnötig zu behindern, habe ich weitestgehend auf Fachbegriffe und Erklärungen verzichtet. Meine Absicht war, ein kleines Arbeitsbuch zu schreiben, das man immer wieder schnell zum Nachschauen hervorholen kann. Im Anhang habe ich für die Wissensdurstigen noch Stichworte hinzugefügt, die eine Überprüfung des Gelesenen ermöglichen oder zu weiteren Quellen führen. Mein Kenntnisstand entspricht den aktuellen wissenschaftlichen Erkenntnissen aus Psychologie, Neurowissenschaft und Hirnforschung.

Im Januar 2020

Kapitel 1

ACHTSAMKEIT

"Die Weisheit des Lebens besteht im Ausschalten der unwesentlichen Dinge."
Aus China

Müsste ich das Wort "Achtsamkeit" definieren, würde ich es gleichsetzen mit Bewusstsein oder Bewusstheit. Oder ich würde sagen, dass ein achtsamer Mensch Geistesgegenwart besitzt und bei sich ist im Fühlen und Erleben. Auch ist er nicht getrieben von Hektik und Stress. Er nimmt sich und seine Umgebung aufmerksam wahr, bemerkt kleinste Veränderungen in seinem Befinden oder in einer Situation. Er ist wach, im Gegensatz zu einem zerstreuten oder eben unachtsamen Menschen. Achtsamkeit ist eine besondere Aufmerksamkeit sich selbst oder der Schöpfung gegenüber.

Achtsamkeit ist als sehr wesentlicher Bestandteil zen-buddhistischen Denkens zu sehen. Trotzdem ist es nicht nötig, den Buddhismus zu verstehen oder zu ergründen. Die Prinzipien des Zen haben auch so universelle Gültigkeit. Zen ist eine Art Lebenspraxis, die sich auf das Leben im Hier und Jetzt bezieht, und zwar in der radikalsten Form. Hier und Jetzt meint, selbst in den Gedanken im Moment zu verweilen. Und hier wird deutlich, dass es den meisten Menschen schwerfällt, eben dies zu tun.

Die Gedanken des beschäftigten oder gestressten Menschen springen von einem Thema zum nächsten, lösen Probleme oder planen schon den folgenden Tag. Sie bestimmen das Lebenstempo und was als Nächstes zu tun ist. Häufig machen wir Menschen auch mehrere Dinge gleichzeitig oder parallel, um vermeintlich Zeit zu sparen. Dies alles ist definitiv nicht im Hier und Jetzt leben! Der Asiate bezeichnet diese Eigenart übrigens als den "Affengeist". Wie komme ich nun dem Zustand näher, die lästigen Gedanken zu unterbrechen und Ruhe in meinen Kopf zu bringen? Die Gedanken hindern mich doch offensichtlich daran, den augenblicklichen Moment in seiner Fülle zu genießen.

Wir sind fühlende Wesen. Ein großer Teil unserer Wahrnehmungen ist uns nicht bewusst und spielt sich auf einer unterbewussten Erfahrungsebene ab. Wenn wir z.B. Auto fahren, bedienen wir den PKW ganz selbstverständlich im Autopilot. Nur Teile des Fahrens, wie Fußgänger, die die Straße passieren, nehmen wir bewusst wahr. Bewusstsein meint also, dass unser Denken und Fühlen gegenwärtig ist und im Fokus unserer Aufmerksamkeit steht. Um genau diese konzentrierte Aufmerksamkeit geht es auch bei der Achtsamkeit.
Achtsamkeit hat also mehr mit der Wahrnehmung zu tun, als mit den rasenden Gedanken, die uns ständig begleiten. Und bei den Gedanken gibt es zudem qualitative Unterschiede, ob sie mit der gegenwärtigen Situation zu tun haben oder willkürlich auf uns hineinströmen. Dann sind wir nämlich nicht mehr Herr der Lage, sondern passiv in einer Art Opfer-

haltung ausgeliefert. Wie wäre es, wieder Führung über uns und die Gegenwart zu gewinnen?

Noch einmal am Beispiel des Autofahrens: Achtsam sein meint also: Ich widme einer Tätigkeit die volle oder weitestgehende Aufmerksamkeit. Obwohl ich die Tätigkeit unbewusst ausführen kann, weil ich es schon so gelernt habe, widme ich meine Gedanken der Tätigkeit an sich und nicht Themen, die mit dem Tun nichts gemein haben. Ganz nach dem Motto: "Wenn ich sitze, sitze ich; wenn ich laufe, laufe ich!" Wenn es gut läuft, denke ich an wenig oder bestenfalls nichts, denn ich möchte in der gegenwärtigen Situation verweilen! Ein unachtsamer Autofahrer kann mit hoher Wahrscheinlichkeit einen Unfall verursachen, wenn er abgelenkt ist durch sein Handy oder ein Gespräch mit dem Beifahrer. Dann ist er mit seinen Gedanken nur noch teilweise beim Autofahren und eben weniger aufmerksam. Viele Alltagstätigkeiten haben wir auf diese Art und Weise verinnerlicht. Wir spulen Automatismen ab und sind verleitet, andere Dinge nebenher zu erledigen. Nachweislich erzeugt dieses sprunghafte Verhalten jedoch zusätzlichen Stress. Wir haben so manche Situation schließlich auch gar nicht mehr unter Kontrolle.

Achtsamkeit ist ein Weg, sich wieder offener und bewusster auf Situationen einzulassen und die Sinne wieder zu schärfen, für unseren Körper und unser Wohlbefinden. Wenn wir erkennen, wie wir mehr fühlen und uns mit der Gegenwart verbinden können, werden wir merken, dass es unser Wohlbefinden steigert und Stress minimiert. Stress als biologischer Vorgang begleitet uns von morgens bis abends. Der Umgang damit entscheidet jedoch, ob wir uns abends total ausgepowert fühlen oder immer noch in der Lage sind, entspannt unseren Lieblingsaktivitäten nachzugehen. Was nützt mir mein Feierabend, wenn ich ihn gar nicht mehr genießen kann und schon in Gedanken beim nächsten durchgeplanten Arbeitstag bin?

Achtsamkeit kann uns möglicherweise nicht ständig im alltäglichen, stressigen Leben begleiten, aber immer öfter! In den Auszeiten, die wir uns nehmen im Job oder bei anderen Aufgaben. Dann können wir uns daran erinnern, dass wir die Gedanken unterbrechen können und uns mit unseren Sinnen auf das Hier und Jetzt einlassen. Habe ich einmal gelernt, wie ich die Gedanken steuern kann, kann ich es immer wieder auf andere Situationen übertragen! Wie gehe ich nun vor?

Achtsamkeit kann geschult werden, indem ich mich meinen verschiedenen Sinneskanälen neu widme. Da sind das Hören, das Sehen, das Riechen, das Schmecken, das Tasten, die Propriozeption (Stellung der Gliedmaßen im Raum) und auch die Gefühle und Gedanken, die unsere Wahrnehmungen gegebenenfalls begleiten. Wenn ich z.B. Zitronen nicht mag, weil sie sauer sind, verspüre ich schon im Vorfeld Ekel und Ablehnung. Lernvorgänge der Psyche beeinflussen demnach zusätzlich unseren Erfahrungshorizont. Sie überlagern sogar auch unser Sinnesempfinden. Und unser Nervensystem sendet uns noch weit mehr Informationen, die größtenteils unbewusst passieren. Ist ein Gegenstand warm oder kalt, ist er schwer oder leicht? Wir können uns die Dinge neu bewusst machen, indem wir uns erneut die dazugehörigen Fragen stellen: Was höre ich? Was schmecke ich? Was sehe ich? Was sehe ich, wenn ich mir die Ohren zuhalte? Was taste ich, wenn ich die Augen zu habe? Wie ein Kind können wir die Welt neu entdecken und uns bewusst machen. Wir schreiben unsere Erinnerungen neu!

Ganz nebenbei sind wir im Hier und Jetzt und haben uns gedanklich ausgeklinkt. Einmal kurz aus dem Hamsterrad des immerwährenden Geschäftigseins raus!

Dazu folgt jetzt eine praktische Übung!

Übung

Ich möchte die Achtsamkeit anhand des Essens eines Apfels verdeutlichen. Ich verbinde mir die Augen oder mache sie zu. Ich nehme den Apfel in die Hand und fühle seine Oberfläche. Auch nehme ich wahr, dass er leicht zwischen meinen Fingern liegt. Ich stelle mir vor, wie er schmeckt. Das Gefühl lasse ich jetzt auf meiner Zunge zergehen. Ich beiße in den Apfel und kaue langsam. Dabei spüre ich die Konsistenz des Fruchtfleisches, der Haut um den Apfel und den Saft, der nun entweicht. Ich nehme den frischen Duft wahr. Der Geschmack löst Speichelfluss in meinem Mund aus und ich kaue, bis das Apfelstück zerkleinert ist. Dann schlucke ich. Alles tue ich in langsamer Geschwindigkeit, um den Genuss noch zu erhöhen! So fahre ich mit dem ganzen Apfel fort. Indem ich mich ganz auf meine Sinnesempfindungen einlasse, esse ich achtsam meinen Apfel. Ich spüre in mich hinein, statt zu denken oder zu bewerten. Um den Augenblick zu verlängern und die Empfindungen neu abzuspeichern, stelle ich mir den Vorgang noch einmal in meiner Erinnerung vor.
Die Gedanken hierzu steuere ich mit meinem Bewusstsein. Wenn es mir gelingt, nur an eine Sache "gleichzeitig" zu denken, befinde ich mich im Hier und Jetzt des Apfelessens! Diese Übung lässt sich auf andere Alltagstätigkeiten übertragen. Lenke ich also meine Gedanken auf das Spüren und

Fühlen, kann ich die störenden Gedanken unterbrechen!

Nun werde ich den Apfel als Teil der Schöpfung anders sehen und beim nächsten Apfel garantiert achtsamer essen. Genuss ist ein intensives Fühlen und Erleben und kann gut als Ausgleich und Belohnung für stressige Erlebnisse eingesetzt werden. Schaffen Sie sich Ihre Belohnungsinseln! Am besten jeden Tag. So laden sich Ihre Energien wieder auf.

Eine beliebte Achtsamkeitsübung ist auch die Gehmeditation. Im Gehen können Sie sich erneut auf Ihre Wahrnehmung einlassen und nehmen so sich und Ihre Umgebung bewusster wahr. Die Gehmeditation kann noch gesteigert werden, indem man barfußgeht. So erfährt man intensivere Sinnesempfindungen durch die Fußsohlen. Zahlreiche Nervenzellen übermitteln die Beschaffenheit des Untergrunds und unsere Aufmerksamkeit wird unmittelbar auf das Gehen gelenkt! Es gibt auch ganze Barfußpfade, wo Sie mit verschiedenen Beschaffenheiten des Bodens Erfahrungen sammeln können. Vielleicht haben Sie auch schon eigene Ideen, was Sie ausprobieren könnten. Sie waren einmal Kind und konnten es ganz selbstverständlich. Gehen Sie ganz spielerisch an die Aufgabe heran!

Transfer

Versuchen Sie nun, andere Situationen neu zu erleben. Widmen Sie sich der Aufmerksamkeit eines Ihrer Sinneskanäle und machen Sie sich vertraute Dinge neu bewusst!
Fragen Sie sich: Was höre ich? Was sehe ich? Was fühle ich? Etc. Am besten wählen Sie typische Gewohnheiten aus Ihrem persönlichen Alltag, denn

Zen hat einen starken Bezug zum einfachen Leben. "Wo wenn nicht in Ihrem Leben, möchten Sie die Achtsamkeit denn sonst suchen?"
In den folgenden Kapiteln, wird uns die Achtsamkeit noch häufiger begleiten!

Kapitel 2

LANGSAMKEIT

"Wach, besonnen, sehend - lebe in sorgfältiger
Aufmerksamkeit und Freude, und
das Licht wächst in Dir."
Buddha

Spricht man heutzutage von Stress, hat man direkt etliche Assoziationen dazu im Kopf. Eine davon ist vor allem Zeitdruck, effektives Arbeiten und ein durchgetaktetes Leben. Wo sind die Momente der Langeweile und des Nichtstuns im positiven Sinne geblieben? Gab es nicht eine Zeit, in der es noch diese Zeitlöcher gab, wo man einfach mal die Seele hat baumeln lassen? Ich zumindest habe diese Zeit noch erlebt und ich habe sie mir Stück für Stück zurückerobert. Denn wenn wir es nicht tun, wird es keiner für uns tun.

Kein Arbeitgeber dieser Welt würde zu uns kommen und sagen: Ich gebe Ihnen heute doppelt so viel Zeit wie sonst, diesen Auftrag auszuführen! Auch die Familie äußert nicht, dass wir heute doppelte Zeit für Kochen und Aufwaschen haben, so ist doch jeder bereits vom großen Hamsterrad vereinnahmt und muss seine Aufgaben fleißig abarbeiten. Ich finde es immer schwieriger, Menschen zu finden, die wirklich Zeit haben und dies auch ausstrahlen.

Zurück zum Anfangsgedanken. Was ist eigentlich Stress? Stimmt es, dass ein Großteil der Menschen keinen Stress hat, so wie immer behauptet wird?

Wie bereits erwähnt, haben wir biologisch gesehen, den ganzen Tag über Stressreaktionen. Sogenannte Stressoren - die Auslöser - sorgen dafür, dass unser Überlebenskampf permanent einsetzt und wir in einen Kampf- oder Fluchtmodus versetzt werden. In der Steinzeit sicherten diese Stressreaktionen unser Überleben. Heute findet dies in unserem Alltag statt. In etwa so: Eine Gefahr droht, der Körper aktiviert das vegetative Nervensystem und schüttet diverse Stresshormone aus. Die Folge sind Anpassungsreaktionen in der Atmung, dem Herz-Kreislauf-System, der Muskulatur und des Stoffwechsels. Die Sinnesorgane sind erhöht wachsam und bereit, der Gefahr ins Auge zu sehen. Wir können nun kämpfen, weglaufen oder uns auch totstellen. Ist die Situation bewältigt, folgt eine Erholungsphase. Damit das körperliche Gleichgewicht wiederhergestellt ist, ist die Regenerationsphase besonders wichtig. Auf die Anspannung folgt demnach die Entspannung.

So gesehen hat doch folglich jeder Mensch erst einmal Stress!

Was sich aber im Einzelnen unterscheidet, ist, wie eine Person es individuell empfindet und damit umgeht. Wir jagen heute ja keine Säbelzahntiger mehr, sondern kämpfen uns durch unseren jeweiligen Alltag. Und ganz subjektiv hat man da mehr oder weniger Stress, wenn schnell noch die E-Mails beantwortet werden müssen oder der Chef auf

die Fertigstellung eines Auftrags wartet. Sowie die eine Mutter in Ruhe das Essen fertig kocht, fühlt sich die andere Mutter schon unter Druck gesetzt, schnell fertig werden zu müssen, wenn die Familie am Tisch sitzt. Es gibt viele Faktoren, warum der empfundene Stress größer wird, manche davon sind in der Person selbst begründet. Unsere Gedanken machen nämlich aus einer Aufgabe ein belastendes Stressmoment. Hierzu komme ich noch später!
Ein Faktor, der uns aber alle irgendwie betrifft, ist der zunehmende Zeitdruck von außen und zu wenige Erholungsphasen. Die beschleunigten Gedanken und die ganze Rastlosigkeit würden sich in Luft auflösen, wenn wir die Dinge in Langsamkeit angehen würden. Denn die Langsamkeit ist der beste Freund der Achtsamkeit.

Was wäre anders, wenn ich meine E-Mails in Ruhe und mit Langsamkeit beim Tippen beantworten würde? Vielleicht oder wahrscheinlich würde ich länger brauchen und oberflächlich betrachtet weniger effektiv arbeiten. Aber ich würde möglicherweise konzentrierter arbeiten, weniger Fehler machen und wäre zu Feierabend wahrscheinlich auch weniger erschöpft. Probieren Sie es einmal aus!

Können wir schließlich nicht eine Situation erst wirklich "erleben", wenn wir das dazugehörige Lebenstempo haben? Und warum sollten wir Arbeit immerzu nur herunterspulen? Ich versüße mir doch den Tag, wenn ich die Tätigkeiten auch bewusst ausführen kann. Selbst das Beantworten von E-Mails kann so persönlicher und wertvoller werden. Ich finde es schwierig, Arbeit in wertvolle und weniger wertvolle Tätigkeiten einzuteilen. Vielmehr meint Zen, dass jede Arbeit den gleichen Wert hat. Arbeit ist Arbeit.

Langsamkeit führt uns schließlich zu der gewünschten Entschleunigung des Lebens. Sie verstärkt unsere Aufmerksamkeit und Konzentration und ist somit Teil der Achtsamkeit. Die Frage aber ist: Werde ich ein achtsamer Mensch, wenn ich weiterhin durch mein Leben hetze, wie ein ständiger Automatismus nur noch funktioniere? Würde ich nicht davon profitieren, die Dinge bewusst langsamer anzugehen und mir auch mehr Zeitpuffer zu gönnen? Würde ich nicht meinem Körper die verdiente Erholungspause gönnen wollen, damit ich nicht erschöpfe? Betätigen Sie das Bremspedal, jemand anderes kann es für Sie nicht tun!

Hetze als Resultat einer hohen Arbeitsgeschwindigkeit und eines hohen Lebenstempos gibt einem vor allem eines: das Gefühl, nichts geschafft zu haben. Stellen Sie sich bitte Ihren Tag in Form einer Sanduhr vor! Dann wissen Sie, dass er unendlich lang sein kann, wenn Sie bereit dazu sind.

Ihre Sinne möchten genießen und die Geschehnisse Ihres Alltags miterleben. Ihr Körper möchte nicht nur sprinten, sondern zwischendurch auch gehen und auftanken.

Übung

Messen Sie die Zeit für einen alltäglichen Vorgang wie z.B. Zähneputzen! Nehmen Sie nun die doppelte Zeit und putzen Sie sich langsam und bewusst die Zähne! Wenn Sie eine Sanduhr haben, noch besser! Stellen Sie sie auf!

Beobachten Sie sich dabei und stellen Sie sich Fragen wie: Wie fühlt es sich an? Wie schmeckt es? Mache ich es gründlich? Woran denke ich? Denke

ich viel? Und weitere Fragen werden Ihnen ganz von selbst kommen!
Und bedenken Sie: Tägliche Wiederholung bzw. Training eines Achtsamkeits-Rituals festigt die Resultate!

Transfer

Nehmen Sie eine weitere Tätigkeit aus Ihrem Leben und brauchen Sie dafür absichtlich die doppelte Zeit! Denken Sie daran, alle Körperbewegungen langsam auszuführen!
Nehmen Sie etwas, was Ihnen Spaß macht, genauso wie etwas, was Sie weniger mögen. Behalten Sie dabei den Satz im Gedächtnis: Arbeit ist Arbeit.

Kapitel 3

FOKUSSIERUNG

"Es gibt zwei Arten, den Garten zu rechen.
Einmal, um den Garten vom Laub zu reinigen,
und die zweite Art besteht darin,
zu rechen, um zu rechen."
Weisheit aus dem Zen

In den Kapiteln 1 und 2 über die Achtsamkeit und die Langsamkeit haben Sie bereits gelernt, sich das Hier und Jetzt bewusst zu machen. Sie haben in den Übungen auch schon die Erfahrung gemacht, Ihre ganze Aufmerksamkeit auf Ihr Tun zu lenken.

Wir gehen noch einen Schritt weiter und sagen, dass Sie eine Handlung völlig sinn- und zweckfrei einfach ausführen können. Denn Putzen oder dem Lieblingshobby nachgehen haben den gleichen Wert. Auch gibt es keine blöde und keine schöne Arbeit mehr, Arbeit ist einfach Arbeit. Alles muss getan werden. Üben wir unser alltägliches Tun einfach stoisch aus, kommt unsere Gedankenwelt wie durch magische Hand zur Ruhe.

Eine Art Selbstregulierung tritt ein, die uns wieder zum Kern unseres Wesens hinführt. Wir können

Stück für Stück die Kontrolle über unsere Gedanken übernehmen und merken, dass ein großer Teil davon völlig überflüssig ist. Wir brauchen weitaus weniger planen als wir meinen, da wir die Zukunft gar nicht kennen. Auch Lösungen für Probleme haben nur in dem Moment Bedeutung, in dem wir entscheiden müssen. Eine gehörige Menge Energie fließt in ein Zuviel an sinnlosen Konstruktionen unseres Geistes. Wir können effizienter mit dieser Energie umgehen, indem wir uns fokussieren. Wir lenken die Energie wie durch eine Sammellinse auf einen Punkt, um das maximale Ergebnis zu erzielen.

In der stressigen Welt des westlichen Menschen herrscht jedoch vielmehr das vielgenannte Multitasking Phänomen. Mehrere Handlungen werden nicht zusammenhängend, parallel ausgeführt, die Aufmerksamkeit wechselt dabei von einem zum nächsten Thema. Die Zeit wird vermeintlich maximal ausgeschöpft, alle To Do`s abgehakt - unterbrochen wird das ganze Schauspiel dann noch vom Klingelzeichen des Handys. Die Handy-Botschaft gibt bereits vor, was als Nächstes zu tun ist. Ein Bekannter bittet um einen sofortigen Rückruf. Für unser menschliches Gehirn bedeutet dies totale Reizüberflutung. Der Affengeist hat uns infiziert.

Wissenschaftliche Studien haben ergeben, dass Multitasking nicht zum gewünschten Erfolg führt. Zum einen wird mehr Zeit benötigt, als wenn Aufgaben nacheinander abgearbeitet werden, zum anderen schleichen sich auch signifikant mehr Fehler ein. Eine Auswirkung auf den Geist des Menschen ist zudem, dass das Denken immer zerstreuter wird. Als schleichender Prozess merken wir schließlich gar nicht mehr, dass wir keine ungeteilte Aufmerksamkeit mehr haben. Wir hören unseren nächsten Mitmenschen nicht mehr richtig zu, sind in Gedanken ständig anders beschäftigt und können auch auf der Handlungsebene nicht mehr konzentriert bei einer Sache bleiben. Meistens fällt uns dies jedoch gar nicht auf, denn manchmal sind wir schlicht und einfach auf die Wahrnehmung unserer Mitmenschen angewiesen! Kritisiert der Partner, dass wir nicht richtig zuhören, leugnen wir dies allzu oft.

Wenn wir von Stress und Erschöpfung sprechen, meinen wir damit einen Energiezustand, in dem die Speicher im Körper größtenteils leer sind oder nicht rechtzeitig wieder aufgefüllt wurden. Zerstreute Gedanken, uneffektives Planen und Handeln führen eben zu reichlich fehlgeleiteter Energie und im Empfinden des Menschen zu Stress. Mache ich dazu noch viele Fehler oder fühle mich überfordert, steigt mein Stressempfinden weiter an. Die Folge sind auf Dauer ein Leistungseinbruch und fehlende Belastbarkeit. Haben wir es mit extremen Anforderungen zu tun, müssen unsere Energiespeicher und unser Körper auch leistungsbereit sein. Andernfalls kommen wir in den Minusbereich der Energie und zehren bereits am Limit.

Fühlt sich ein Mensch andauernd überfordert, in dem, was er leisten soll, nimmt die Gefährdung für einen Burnout zu. Die Selbstwirksamkeit - der zentrale Schlüssel im Vermeiden eines Burnouts - nimmt zusehends ab. Habe ich hingegen das Gefühl, ich kann die Anforderungen, die an mich gestellt werden, bewältigen, verfüge ich über ausreichend Selbstwirksamkeit. Wichtig ist die innere Überzeugung: Ich schaffe das! Jeder Erfolg verstärkt zudem unsere Selbstwirksamkeit.
Daraus folgt logisch die Schlussfolgerung, dass ich die Kontrolle über meine Gedanken und mein Handeln erlangen muss. Ich muss zum proaktiven

Akteur werden, statt mich passiv den Umständen und den auf mich einströmenden Reizen zu ergeben. Ferner muss ich mich fokussieren, statt nur auf meine Umwelt zu reagieren. Ich steuere mein Schiff und entscheide, wann und wie ich die Segel setze. Meine Überzeugungen entscheiden über Erfolg oder Misserfolg.

Im Sinne des Zen, sollten wir immer unser Bestes geben. Denn nur der gegenwärtige Moment zählt. Wir sollten Unterforderung und Überforderung vermeiden und fokussiert eine Aufgabe erledigen. Wir steuern unser Denken, also sind wir verantwortlich für unser Handeln und das Ergebnis. Können wir etwas noch nicht, können wir es - geduldig mit uns - lernen. Wir bestimmen mit, was in unserem Kopf bleibt und was nicht, und was wir wahrnehmen möchten oder nicht. Oder wie Buddha einst sagte: "Was Du denkst, bist Du, was Du bist, strahlst Du aus, was Du ausstrahlst, ziehst Du an!"

In Japan wird im Geiste des Zen die Teezeremonie praktiziert. Nach einem festgelegten Ritual werden die Gäste vom Gastgeber bewirtet. Wichtig ist nicht nur die Anordnung des Zubehörs, sondern auch die Gestaltung der Umgebung. Der Raum für die Zeremonie ist reizarm gestaltet, es gibt eigens dafür einen Pavillon im Garten. Alle Bewegungsabläufe des Gastgebers für die Zubereitung des Tees und der Speisen sind festgelegt und bilden eine harmonische Einheit. Selbst die Inhalte der Gespräche während der Zeremonie haben feste Regeln. Für gewöhnlich drehen sich die meist kurzen Unterhaltungen um Tee und die Zeremonie selbst.
Ich finde die Teezeremonie ein gutes Beispiel für fokussiertes Handeln. Ein Ritual sorgt für die immer gleiche Ordnung. Die Handlungen sind konzentriert und drehen sich nur um die Zubereitung des Tees

und der Speisen. Die Umgebung und die Gesprächskultur schützen die Atmosphäre vor Ablenkungen und Störungen. Die Energie befindet sich spürbar gesammelt im Raum, statt wie eine Billardkugel zwischen vielen Themen hin- und hergespielt zu werden. Wie erreiche ich nun eine ähnliche Praxis für meinen persönlichen Alltag?

Eine gute und hilfreiche Methode zum Erlernen der fokussierten Achtsamkeit ist das stille Kommentieren einer Tätigkeit. Ich mache es an einem praktischen Beispiel deutlich.

Übung

Wir planen ein Kaffeetrinken alleine mit uns selbst - unser tägliches Ritual nach einem Arbeitstag. Um lästige Gedanken zu unterdrücken und unsere Energie ausschließlich auf den Vorgang des Kaffeekochens zu lenken, kommentieren wir jeden Schritt leise innerlich. Wir sind während der ganzen Zeit still. In etwa so: Ich decke den Tisch. Ich nehme eine Tasse und stelle sie auf den Tisch. Dann hole ich die Milch aus dem Kühlschrank und platziere sie neben der Tasse. Den Zucker, falls ich ihn benötige, stelle ich ebenfalls dazu. Ich nehme die Packung mit den Kaffeebohnen. Ich öffne sie. Dann nehme ich einen Löffel und fülle die vorgesehene Menge, Löffel für Löffel, in die Mühle. Ich mahle nun die Bohnen, indem ich den Knopf drücke. Ich warte, bis ich fertig bin, mit gedrückter Taste. Jetzt schöpfe ich das fertige Kaffeepulver ab und befülle den Kaffeezubereiter bzw. die Maschine. Ich gieße nun das heiße Wasser darüber bzw. schalte den Knopf an. Die Zeit, bis der Kaffee fertig gebrüht ist, vergeht. Ich setze mich hin. Ich entspanne im Moment und sage: "Ich bin ruhig und entspannt". Ich atme ein und wieder aus. Ich schenke nun den Kaffee ein. Während ich trinke, schmecke ich die Frische des Kaffees. Ich genieße nun jeden Schluck, den ich langsam ausführe. Die ganze Zubereitung erfolgt langsam. Nach dem letzten Schluck halte ich inne und genieße noch einmal den Geschmack und den Genuss in meiner Erinnerung. Ich beende nun das Kaffeetrinken! Haben Sie das Gedankenlenken perfektioniert, werden Sie irgendwann eins mit dem Kaffeekochen - ganz selbstvergessen, ohne Gedankenkarussell.

Sie können natürlich die Kommentare an Ihr persönliches Kaffeeritual anpassen! Ich bereite den Kaffee nämlich mit frischen Bohnen und einer French Press vor. Die Handlungen während dieses Zeitraums sollten sich aber nur um das Kaffeekochen drehen und nacheinander, statt parallel stattfinden. Werden Sie einfach kreativ und gestalten so Ihre eigene Kaffeezeremonie! Durch das Kommentieren bleiben alltägliche Gedanken und Probleme draußen und Sie schalten unmittelbar um auf Gegenwart! Störende Gedanken übergehen Sie einfach und fahren in Ihrem Tun fort.

Transfer

Sie können so auch ein Ritual mit Ihrer Familie planen. Gestalten Sie die Regeln der Zusammenkunft und worüber gesprochen wird! Zum Beispiel können Sie vereinbaren, dass beim Mittagessen still gegessen wird und erst im Anschluss gesprochen wird. Die Themen, die "draußen" bleiben sollen, können Sie ebenfalls festlegen. Oder Sie vereinbaren, dass die Handys nicht mit an den Tisch gebracht werden, damit es weniger Ablenkungen gibt!

Kapitel 4

DER INNERE DIALOG

"Das, was wir heute sind, folgt aus dem, was wir gestern gedacht haben, und unser jetziges Denken bestimmt unser Leben, wie es morgen wird.
Die Schöpfung unseres Bewusstseins ist unser Leben. Spricht oder handelt darum ein Mensch mit unreinem Bewusstsein, folgt ihm das Leiden nach, so wie der Karren dem Zugtier folgt."
Weisheit aus Asien

Außer wenn wir schlafen, hat unser Gehirn die Angewohnheit, unser tägliches Tun mit allerlei Gedanken zu überhäufen. Nicht alles, was wir denken, hat mit dem zu tun, was wir gerade machen. Wir drehen uns häufig im Kreis, um unsere Sorgen, beschwören Ängste herauf, wir bewerten uns ständig und auch andere Menschen, suchen nach Lösungen, füttern immerwährend unseren inneren Dialog. Da unser Denken unser Leben wie ein Architekt konstruiert und ausgestaltet, sollten wir ihm tunlichst besondere Beachtung schenken. Wir widmen uns jetzt achtsam unserem Gedankenkarussell selbst.

Wir haben bereits gelernt, dass wir eine positive Überzeugung in uns tragen müssen, um mit unserem Leben und den Anforderungen fertig zu werden. Wir müssen dafür von uns selbst glauben, dass wir es schaffen und mit einem Erfolg abschließen. Diese Überzeugung ist das Resultat unseres Denkens und dessen, was wir Erfahrungen nennen. In jeder Biografie finden sich so ganz unterschiedliche Auffassungen, was leicht im Leben ist und was nicht zu bewältigen ist. Der eine ist der Fels in der Brandung, nichts bringt ihn aus der Ruhe. Ein anderer zweifelt oft an sich selbst und sieht mehr Probleme als Lösungen. Wahrscheinlich scheitert die zweite Person öfter, da sie weniger überzeugt ist von sich. Wir sehen, dass hier unser Denken ein Kreislauf ist. Misserfolg vermehrt schließlich den Zweifel und nicht die positive Überzeugung. Schön wäre es doch, jeder Mensch könnte stattdessen seine Selbstwirksamkeit vermehren und die meiste Zeit auf der Erfolgsseite des Lebens verweilen.

Der erste Schritt zur Besserung ist, sich bewusst zu machen, was ich denke. Habe ich dann identifiziert, wo ich mir im Geiste selbst schade und mir eine Veränderung wünsche, kann ich erst aus dem Gedankenkarussell austreten. Ziel im Zen ist, die Führung über das Denken zu übernehmen und nicht willenlos ausgeliefert zu sein. Weniger denken und vermehrt lernen zu handeln, statt passiv Karussell zu fahren.

Sie haben sicher in den vorangegangenen Übungen gemerkt, dass die Stimmen in uns nicht so schnell verstummen. Geben Sie ihnen daher einen festen Platz und Raum, wann sie sprechen dürfen. Es genügt am Anfang bereits, einmal täglich 10 Minuten Zeit einzurichten, um über Ihre ganz persönlichen Erlebnisse zu reflektieren.

Meditation bedeutet nicht nur, das überflüssige Denken auszuschalten oder zu unterbrechen. Meditation beinhaltet ebenso, sich "achtsam" zu beobachten und wahrzunehmen, womit wir uns den ganzen Tag beschäftigen. Die Praxis des Nachsinnens möge uns die Dinge und Zusammenhänge unseres Lebens gewahr werden lassen. Widme ich mich meinen Themen bewusst zu einem von mir gewählten Zeitpunkt, behalte ich die Führung!

Die Haltung beim Meditieren ist zudem besonders: Es geht um wertfreies Akzeptieren aller Gedankeninhalte. Auch unsere Emotionen dürfen sein, wie sie sind, denn verhindern können wir sie nicht. Wir können aber unser daraus resultierendes Denken beeinflussen. Es macht doch einen Unterschied, ob "da Wut ist" oder ob wir wütend Gott und die Welt verurteilen und dafür verantwortlich machen. Ziel der mentalen Veränderung hin zum Annehmen ist die Gelassenheit.

In dem Wort Gelassenheit steckt bereits das Wort "lassen". Lassen Sie kommen und gehen! Erst wenn Sie einzelne Gedanken und Gefühle festhalten und immerzu wiederholen und bestätigen, stecken Sie fest und plagen sich im Gedankenkarussell. Auf dem Weg zu Ruhe und Klarheit, sind Sie freundlich mit sich selbst und lassen gewähren.

Übung

Wählen Sie eine Uhrzeit am frühen Abend, bzw. wenn Sie "Ihren Tag" bereits größtenteils erlebt haben. Setzen Sie sich im Schneidersitz aufrecht an einen ruhigen Ort. Ist eine andere Sitzhaltung für Sie bequemer, nehmen Sie diese ein. Legen Sie Ihre Hände locker in den Schoß.

Zuerst versuchen Sie, ruhiger, und zentrierter zu werden, indem Sie still tief ein- und ausatmen. Schließen Sie die Augen. Für ca. 2 Minuten atmen Sie tief durch die Nase in den Bauch, sodass er sich hebt, und atmen durch die Nase oder die leicht geschlossenen Lippen wieder aus, ganz so, wie es Ihr Körper vorgibt. Sie folgen Ihrem Rhythmus. Auch eine Pause zwischen Ein- und Ausatmung lassen Sie so, wie sie kommt, geschehen. Achten Sie lediglich darauf, dass Sie tief einatmen und die ganze Luft auch wieder ausatmen. Auch soll der Atem frei durch Ihren Körper fließen. Sitzen Sie gebückt oder geknickt, kann er nicht frei in den Bauch strömen! Gestresste Menschen atmen nämlich häufig flach und nur bis zur Brust.

Die Bauchatmung leitet die Luft in das Energiezentrums des Menschen, welches drei Fingerbreit unter dem Bauchnabel liegt. Dort ist Ihre "innere Mitte", der Ort für Kraft, Stille und Frieden.

Die Gedanken, die Sie besuchen, dürfen kommen und gehen, ganz wie der Atem.
Damit Sie nicht ganz abgelenkt sind vom Atmen, zählen Sie einfach langsam bis 25!

Die 2 Minuten sind vergangen. Im zweiten Schritt beobachten Sie nun Ihren gesamten Tag und Ihre Gedanken genauer!

Nehmen Sie ein Blatt Papier zur Hand und machen Sie sich Notizen über die Themen, die beteiligten Personen, Ihre Emotionen oder Gesprächsfetzen, die Sie beschäftigen. Vielleicht bemerken Sie Ängste oder ausweglose Situationen, Wut und Zorn oder Enttäuschung? Achten Sie auch auf die guten Momente und Gefühle. Freude, Spaß an einer Sache oder Tätigkeit. Lassen Sie dem Stift in Ihrer

Hand freien Lauf. Schreiben Sie die emotional guten Dinge auf eine Seite, die belastenden, nicht so guten auf die andere Seite.

Machen Sie sich die Gedanken und Gefühle bewusst, indem Sie sie einmal aufschreiben! Sind Sie in einem ständig wiederkehrenden Dialog mit sich verstrickt? Hören Sie sich selbst einmal wirklich aufmerksam zu!
Unser tägliches Hintergrundrauschen nehmen wir oft im Einzelnen gar nicht mehr wahr, eine Gewöhnung tritt ein. Wir stumpfen ab, nehmen es hin, und viele Gedanken schubsen uns zu Taten hin, zu denen wir gar nicht hin möchten.

Ziel der Übung ist es, einfach laufen zu lassen. Lassen Sie nichts aus, bewerten Sie nichts moralisch. Die Gedanken kommen und sie gehen auch wieder, so wie Ihr Atem kommt und geht. Auch die Gefühle kommen und gehen. Schenken wir ihnen mit unseren Gedanken zu viel Aufmerksamkeit, bleiben sie länger lebendig. Lassen Sie daher alle Gedanken kommen und gehen!

Machen Sie sich einmal täglich auf diese Art und Weise Ihre Gedanken und Gefühle bewusst! Werden Sie zu Ihrem Beobachter, der alles freundlich annimmt und vorbeiziehen lässt, wie Wolken am Himmel. Selbst Wut und Ärger haben ihren Platz und können ein guter Ratgeber sein, was Sie demnächst ändern möchten. Unterstreichen Sie in Ihren Notizen Ihre Gefühle!

Um einen positiven Abschluss zu erreichen, führen Sie am Ende nochmals die kurze Atemmeditation aus. Schließen Sie die Augen. Zählen Sie langsam bis 25, um die Gedanken zu unterbrechen.

Nach Belieben können Sie auch bis 40 oder 50 zählen, spüren Sie, was Ihnen guttut! Sie sind der Bestimmende.

Transfer

Strömen zu viele Gedanken auf Sie ein, können Sie sie mit der kurzen Atemzählübung regulieren. Die bewusste Atmung führt Entspannung herbei. Auch Wartezeiten, wie zum Beispiel an der Bushaltestelle oder an der Kasse im Supermarkt, können Sie so überbrücken. Gönnen Sie Ihrem Gehirn öfters eine kleine Pause!

Kapitel 5

MEDITATION

"Meditation bedeutet, in allem, was wir sind und was wir tun, achtsam zu sein. Es gibt kein richtig und kein falsch, solange wir uns mit dem gegenwärtigen Augenblick verbinden und ihn nicht festhalten."
Weisheit aus Asien

Im letzten Kapitel haben Sie gelernt, Ihren Gedanken einen festen Platz in Ihrem Leben zu geben. Sie möchten nicht mehr passiv ausgeliefert sein, sondern Sie möchten als stiller Beobachter mehr über sich kennenlernen. In einer täglichen kurzen Meditation über Ihre Themen spüren Sie in sich hinein. Indem Sie sich alles Erlebte noch einmal vorstellen, bemerken Sie die Kraft Ihrer Gedanken: Emotionen tauchen auf, alles wird noch einmal erinnert und hat die gleiche Gewalt wie zuvor.

Nehmen Sie Ihre Notizen zur Hand! Welche Situationen beschäftigen Sie mehr als andere? Wo ist Ärger und Wut, was möchten Sie so nicht haben? Wer setzt Ihnen in seinem Verhalten besonders zu, warum? Überlegen Sie in Ruhe, was Sie ändern können und was nicht. Was steht in Ihrer Macht zu

tun, was obliegt anderen Menschen oder den Umständen? Was müssen Sie lernen anzunehmen, wie es ist?
Zen möchte Gedankenstille erreichen durch Klarheit.

Im nächsten Schritt schauen Sie sich an, wie Sie über sich selbst denken. Die Bewertungen unserer eigenen Person und unserer Mitmenschen. Mag ich mich, betitle ich mich abwertend? Wie nenne ich meinen Nächsten?
Sie widmen sich dann einer Situation: Habe ich das Gefühl "Ich schaffe das"? Habe ich die Selbstwirksamkeit, die ich bereits erwähnt habe? Oder mache ich mir Sorgen und zweifle an mir? Alle Sätze, die ein "Nein" beinhalten, wie "Ich lehne mich ab", "Ich bin zu schlecht", "Ich werden versagen" nehmen Sie sich nun vor. Lösen Sie das Denkmuster, welches Sie behindert, auf, indem Sie aus jedem Satz einen bejahenden, positiven Satz bilden! Schreiben Sie die Sätze jetzt auf!

Sie haben sich Ihre Gedanken bewusst gemacht? Machen Sie erst weiter im Kapitel, wenn Sie sich Klarheit verschafft haben!

Stellen Sie sich nun vor, wie es stattdessen sein könnte! Malen Sie sich in Ihrer Phantasie aus, wie Sie gelassen sind und alles spielerisch meistern!
Sprechen Sie liebevoll zu sich, sprechen Sie auch liebevoll über andere, stellen Sie sich eine bedrückende Situation so vor, wie sie für Sie mit gutem Ausgang sein müsste. Statten Sie sich mit allen Talenten und Gaben aus, die Sie benötigen würden, um alles zum Positiven zu wenden. Verleihen Sie sich Zauberkräfte!

Indem wir bewusst mehrere Möglichkeiten durchgehen, schaffen wir neue Räume für neue Chancen.

Oft haben wir auch mehr Fähigkeiten, als wir zuerst denken. Unsere Denkmuster behindern ständig, ob wir ein Ziel erreichen oder nicht. Reinigen Sie Ihren Geist von schädlichen Gedanken. Ihre Klarheit führt schließlich zu weniger störendem Hintergrundrauschen und Ruhe im Geist.
Wechseln Sie einmal die Perspektive und werden Sie zu Supermann oder Superfrau. Alles gelingt und wendet sich zum Guten.

Meditieren Sie erneut über Ihre Notizen. Haben Sie immer noch Zweifel an Ihren Fähigkeiten? Fragen Sie sich im nächsten Schritt: Was ist die Lösung? Was brauche ich? Schreiben Sie sich hierzu erneut Notizen auf, um es besser zu verinnerlichen.

Machen Sie sich in kleinen Schritten Ihre Sorgen und Nöte bewusst. Meditieren Sie über das Problem, statt zu grübeln. Wer grübelt, dreht sich im Kreis. Wer meditiert, nimmt verschiedene Perspektiven ein und ist offen für Lösungen.

Erst unsere Gedanken machen aus einer Aufgabe oder einem Konflikt ein belastendes Stressmoment. Unsere Gedanken finden aber auch die dazugehörige Lösung. Indem wir uns bereits im Vorfeld Lösungen vorstellen, erhöhen wir maßgeblich die Wahrscheinlichkeit, dass sie auch eintreten. Unser Gehirn knüpft - besonders in Ruhepausen - neue Verbindungen zwischen den Nervenzellen. Wir sind täglich dazu in der Lage, Neues zu lernen und unser Verhalten zu ändern. Nur wer bereit ist, aus seiner Denkfalle herauszutreten, kann Lösungen herbeiführen. Oder wie ein berühmtes Zitat sagt: "Der Zufall trifft nur einen vorbereiteten Geist." (Louis Pasteur)

Viele Dinge im Leben müssen wir hinnehmen, weil sie einfach passieren. Große und kleine Lebenskrisen kommen und wir sind oft nicht ausreichend darauf vorbereitet. Gefühle von Angst und Ohnmacht können jeden einmal heimsuchen. Was uns bleibt, ist unser Geist und die Möglichkeit, sich an neue Situationen anzupassen. Die Fähigkeiten dazu tragen wir in uns. Aber der Wille und die Bereitschaft, die Steuerung zu übernehmen, liegen in uns selbst begründet. Wenn wir etwas nicht möchten, sind wir meistens durch unbewusste Ängste blockiert. Ängste, zu versagen oder das Ganze noch schlimmer zu machen. Oder wir möchten unsere Komfortzone einfach nicht verlassen, weil wir uns so sehr daran gewöhnt haben!

Sie können auch die Gedanken der Angst unterbrechen, indem Sie die kurze Atemmeditation ausführen. Zählen Sie bis 10 und fangen dann wieder von vorne an zu zählen. Viele Situationen kann der menschliche Geist unter Kontrolle bringen. Was einmal gelernt wurde, kann auch wieder verlernt werden. Haben Sie ausreichend Zuversicht und Überzeugung, dass Sie es schaffen, können Sie mit einem Erfolgserlebnis abschließen!

Übung

Nehmen Sie eine Alltagssituation, die Ihnen unbehaglich ist, die Sie meiden oder die ein wenig Angst bereitet. Schließen Sie die Augen. Stellen Sie sich vor, wie Sie diese Situation meistern! Gehen Sie auf alle Widrigkeiten ein, die Ihnen passieren könnten.
Für jede Lebenslage haben Sie eine Lösung parat. Spielen Sie diese Situation mehrmals in Ihrem Kopf durch. Auch mögliche Dialoge üben Sie im Vorfeld ein. Stellen Sie sich Ihre Gefühle vor, wie alles gut

läuft und Sie glücklich sind. Wie ein Filmregisseur schreiben Sie Ihr ganz persönliches Drehbuch mit Happy End. Vielleicht unterteilen Sie den Weg in mehrere kleine Schritte - was Sie alles lernen müssen, bevor Sie es schaffen?

Transfer

Wiederholen Sie das Gedankenexperiment möglichst oft, bevor Sie dann zur Tat schreiten! Was brauchen Sie, um Superkräfte zu haben? Ist es Mut oder Schlagfertigkeit, oder vielleicht besonderes Wissen?
Haben Sie es mit einer sehr schwierigen Situation zu tun, dürfen Sie auch Hilfe dazu holen. Stellen Sie sich vor, wen Sie hinzuziehen würden! Warum würden Sie diese Person wählen? Welche Superkräfte hat diese Person?

Kapitel 6

DIE KRAFT DER GEDANKEN

"Der Reisende ins Innere findet alles,
was er sucht, in sich selbst.
Das ist die höchste Form des Reisens."
Laotse

Sie denken viel. Zu sagen "Ich denke jetzt mal an nichts!" funktioniert nicht. Probieren Sie es einmal aus! Auf den Befehl hin, machen wir genau das Gegenteil. Wir wissen nicht, wie das gehen soll, lenken aber unsere Aufmerksamkeit dorthin.
Unser Gehirn spielt uns hier einen Streich. Noch ein weiteres Beispiel: "Denk nicht an den rosa Elefanten" und sofort erscheint eine ganze Herde davon am Horizont unseres Geistes. Offensichtlich können wir das "Nichts" und die Leere rational nicht verstehen.

Ähnlich funktioniert auch unser Gedächtnis für Schmerzen. Indem wir den Schmerz bekämpfen möchten und denken "Hör jetzt auf", lenken wir unsere Aufmerksamkeit dorthin und verstärken das Problem. Manchmal existiert es erwiesenermaßen gar nicht, sondern ist nur im Schmerzzentrum des

Gehirns vorhanden. Selbst Menschen ohne Gliedmaßen können auf dieselbe Art und Weise wieder das verlorene Teil ihres Körpers spüren.

Sie haben in den vorherigen Lektionen gelernt, Ihren Gedanken einen besonderen Raum zu geben. Sie sind zum liebevollen stillen Beobachter geworden und Sie möchten sogar mental Ihren Hindernissen und Ängsten die Stirn bieten. Sie übernehmen wieder Stück für Stück die Führung und Verantwortung über sich. Noch einen Schritt weiter: Setzen Sie Ihre neuen Ideen in eine Tat um. Sie erneuern Ihr Denken und Handeln.

Indem Sie gut von sich denken und wieder Vertrauen in Ihre Fähigkeiten erlangen, erweitern Sie auch Ihr gegenwärtiges Bewusstsein. Was vorher eingeengt war, wird nun weit und voller Möglichkeiten.

Ihre Phantasie, die Sie schon als Kind mit in die Wiege gelegt bekommen haben, hilft Ihnen, sich neue Wege auszudenken und zu gehen. Ohne lästige Bewertungen, ob etwas richtig oder falsch, gut oder schlecht ist, haben Sie schließlich auch weniger rechthaberische Meinungen. Wenn Sie die Dinge von mehreren Seiten betrachten - haben Sie dann immer noch so oft recht? Als Kind haben Sie doch mehr Fragen gestellt, statt auf alles eine Antwort zu wissen. Waren Sie nicht unbekümmerter und selbstvergessener damals, als Sie alles gespielt haben und dabei mit Ihren Fähigkeiten den Ausgang einer Situation selbst bestimmt haben?
Ihre Aufmerksamkeit ist letztlich der Schlüssel zum Glück oder Unglück. Haben Sie vermehrt gute Gedanken von sich selbst, vermehren sich auch die guten Gedanken. Was Sie säen, ernten Sie. Stück für Stück, in vielen kleinen Schritten, können Sie auf diese Art und Weise Ihr Gehirn umprogrammieren.

Zu einfach, denken Sie? Probieren Sie es aus! Beginnen Sie den Tag vor dem Spiegel voller Selbstliebe mit einem "Ich finde mich gut" - statt darauf zu warten, dass es andere für Sie tun!

Zen beinhaltet das Prinzip der Einfachheit. So einfach der Satz ist, so schwer tun sich aber viele Menschen damit... Praktizieren Sie bitte unbedingt jeden Tag Selbstliebe!

Ebenso das Phänomen des Selbstlobes. Haben wir nicht gelernt, dass Eigenlob stinkt, und wenn, dann nur andere uns loben dürfen? Haben Sie einmal überlegt, welche Macht Sie damit anderen Menschen einräumen, zu bestimmen, ob etwas wertvoll war oder nicht? Wie oft haben Lehrer Ihre wahren Begabungen nicht gesehen und Sie dafür schlecht benotet? Sieht Ihr Chef Ihre täglichen Anstrengungen und würdigt er diese? Tun Sie es für sich und erkennen Sie endlich Ihren eigenen Wert an! Falls Sie es nicht schon tun...

Wenn Sie aufhören, auf die Bestätigung und Anerkennung anderer zu warten, wird Ihr Leben erstaunlich leichter und unbeschwerter. Auch die negativen Denkmuster, die Sie vom Erfolg abhalten, verschwinden so auf magische Art und Weise. Sie wissen jetzt, dass Sie einen Wert haben!

Oder wie Laotse sagte:

"Wenn ich loslasse, was ich bin,
werde ich, was ich sein könnte.
Wenn ich loslasse, was ich habe,
bekomme ich, was ich brauche."

Übung

Jeden Morgen schauen Sie in den Spiegel. Sie lächeln und sagen leise zu sich: "Ich finde mich gut" oder "Ich bin gut". Was so viel heißt wie: "Ich liebe mich" zuerst - bevor ich alle anderen liebe!
Indem Sie lächeln, geben Ihre Gesichtsmuskeln eine Meldung an Ihr Gehirn, dass es Ihnen gut geht. Ein echtes Lächeln sorgt für die maximale Wirkkraft, da neben dem Hochziehen der Mundwinkel auch die Augenringmuskulatur aktiv ist. Praktizieren Sie diese Übung unbedingt täglich!

Transfer

Lernen Sie, sich selbst zu loben. "Das habe ich gut gemacht!". Ob laut oder leise, je öfter Sie es denken und sagen, umso leichter wird es. Üben Sie so jeden Tag, mindestens eine Sache positiv zu würdigen!

Kapitel 7

DAS ZEN DES LERNENS

"Je mehr ein Mensch weiß, umso weniger neue Möglichkeiten kommen für ihn in Frage."
Weisheit aus Asien

Haben Sie bereits Ihre ersten Übungen erfolgreich absolviert? Haben Sie auch hier und da gedacht, die Aufgabe sei Ihnen zu blöd, was das denn jetzt bringen soll? Dann haben Sie genau an der Stelle bemerkt, dass Sie bereits eine Meinung hatten, ohne es überhaupt probiert zu haben. Insbesondere, wenn Sie bereits ganz viel Wissen in einer Sache angehäuft haben, fällt es Ihnen umso schwerer, einen neuen Gedanken in Ihren Kopf zu lassen. Nein, Sie wissen es bereits besser, schließlich haben Sie es ja so gelernt, es geht genau so und nicht anders!

Stellen Sie sich bitte noch einmal ein Kind vor, wie es neugierig ist und noch staunt und um Erklärungen bittet. Die Erklärungen der Erwachsenen beschreiben dann die Welt, in der das Kind zukünftig leben wird. Was für eine verantwortungsvolle Aufgabe, Sie gestalten die Zukunft des fragenden Kindes.

Die Suche des Geistes nach rationalen Antworten hört so nie auf, es sei denn, wir bemerken, dass es unsere spirituelle Sinnsuche doch nicht erfüllt. Alle naturwissenschaftlichen Phänomene landen schließlich bei der Gretchenfrage: Was war zuerst da, das Huhn oder das Ei? Und alle Fragen enden somit bei der Antwortfrage: Gibt es noch etwas Höheres oder sogar einen Gott?

Die Frage vermag ich natürlich nicht zu beantworten. Ich sehe uns alle aber auf dem Weg, es begreifen zu wollen.

Nun gibt es ja auch verschiedene Arten von Wissen und Wissenserwerb. Ein großer Teil wird rein gedanklich erworben. Wir lernen das, was unsere Vorfahren erforscht haben, in komprimierter Form. Unsere Eltern übergeben einen Teil in Form ihrer Erziehung und der Traditionen unseres Kulturkreises.
Alle Ausbildungen in der Schule oder der Universität vermitteln ebenso dieses theoretische Wissen und überprüfen dann abschließend den Erfolg - ein Zertifikat besiegelt, dass alles verstanden wurde. Spätestens da hören die meisten Menschen dann auf, weiter zu forschen und Neues in ihren Kopf zu lassen!
Die Menschen, die eher eine praxisorientierte Ausbildung wählen, wie z.B. den Beruf der Krankenschwester oder des Tischlers, müssen sich hingegen frühzeitig auf ihr Erfahrungswissen stützen. Beide Arten des Lernens, der Ausbildungsberuf oder die Universität, müssen sich aber erst in der Praxis, im jeweiligen Berufsalltag bewähren.

Somit kann nicht alles theoretisch erlernt werden, die wahren Profis sind letztendlich die Erfahrenen und nicht die "Gelehrten". Eine gute Vernetzung von

Theorie und Praxis macht den Unterschied. Diese Vernetzung findet in unserem Gehirn, der "Steuerzentrale" statt.
Beide Formen des Wissens haben ihre Daseinsberechtigung, aber beide engen unseren zukünftigen Geisteshorizont ein.
Unser Denken behindert schließlich das Neue und das Unbekannte!

"Die Lehre gleicht einem Floß, das man benutzt, um über einen Fluss ans andere Ufer überzusetzen, das man aber zurücklässt und nicht mehr mit sich herumschleppt, wenn es seinen Zweck erfüllt hat."
Buddha

Wenn man sich nun auf den Weg machen möchte zu neuen Ufern oder einfach etwas ändern möchte, weil es Unzufriedenheit im eigenen Leben stiftet, was bleibt da logischerweise anderes übrig, als gewohnte Denkweisen abzulegen? Die Lösung des Problems kann ja nur "unbekannt" sein, und radikalerweise kann sie sogar sehr von dem abweichen, was unsere Mitmenschen an Antworten für sich persönlich gefunden haben.

Albert Einstein war ein lebendes Beispiel für das eben Gesagte. Zunächst ohne Abitur erlangte er Expertenwissen, weil sein Forscherdrang entsprechend hoch war. Im Gedankenexperiment entwickelte er dann die Relativitätstheorie. Die eigentliche praktische Relevanz für die gesamte Menschheit folgte erst später. Er war ein großer Denker und konnte geistig in seiner Phantasie Lösungen vorwegnehmen. Sein Schulabschluss und die Bewertung anderer haben ihn nicht aufgehalten, seinen Weg zu gehen. Möglicherweise haben seine

Mitmenschen ihn für ziemlich verrückt gehalten, er hat aber fest an sich geglaubt und seinen Traum wahr werden lassen!
Nun, was möchten Sie für sich daraus schließen auf Ihrem Weg? Ist das Unmögliche jetzt möglich oder nicht? Sind Sie bereit, in täglicher Praxis Antworten für sich einzuüben? Wenn ja, prima! Ich begleite Sie noch ein Stückchen auf diesem Weg!

Stellen Sie sich vor, Sie möchten gerne etwas Neues lernen. Kennen Sie die folgende Situation? Hören wir nicht richtig hin, wenn uns jemand etwas erklärt, oder verstehen wir das Gesagte nicht, dann können wir zwar auswendig lernen, aber im entscheidenden, praxisrelevanten Moment zündet unser Gehirn nicht und das Wissen kommt nicht zur Anwendung. Ich glaube, jeder hat hierzu mindestens eine Erinnerung oder Erfahrung parat, wo ihm so etwas passiert ist. Man hat sich blamiert, schämt sich und verdrängt es dann, damit es bloß nicht wieder vorkommt! Wir fragen uns: Wie konnte dies passieren, bei all unserem Wissen und der Erfahrung?

Im Prozess des Lernens, wenn wir uns auf neue Anforderungen einstellen müssen, spielt die Fähigkeit zur selektiven Aufmerksamkeit für das Langzeitgedächtnis eine tragende Rolle. Haben wir diese besondere Konzentration nicht, gleiten die vermeintlich gelernten Inhalte ins Kurzzeitgedächtnis und ins Vergessen.

Erinnern Sie sich bitte nun an die ersten Lektionen dieses Buches! Sie werden jetzt merken, welche Bedeutung sie haben. Da ist die Achtsamkeit, die uns hilft, uns mit dem gegenwärtigen Moment zu verbinden. Vielleicht hören wir in uns hinein oder atmen ein paar Mal tief ein und wieder aus. Einerlei, irgendetwas passiert mit uns, wenn wir erfolgreich lernen möchten und uns sammeln bzw. uns lernbereit machen.

Jedoch wollen wir uns natürlich nicht von allen Reizen, die auf uns einströmen, ablenken lassen. Daher benötigen wir die fokussierte Aufmerksamkeit! Wir hören zu, was uns ein Lehrer erklären möchte. Anschaulich zeigt er uns dazu noch etwas und wir schauen konzentriert zu. Unser Verstehen vervollständigt die Informationen, möglicherweise müssen wir das Vorgeführte ebenfalls zeigen. Dann kommt es auf unsere Motorik an. Haben wir das Gelernte bereits verinnerlicht und können es im Handeln präsentieren? Nein. Dann fehlen noch Informationen, die für unser Lernen entscheidend sind. Machen Sie sich bitte noch einmal Ihre Sinneskanäle bewusst - es gibt noch mehr Kanäle, die uns beim Lernen helfen.

Möchten Sie eine motorische Anforderung bewältigen, müssen Sie eine Bewegung mit Ihren Gliedmaßen ausführen. Sie benötigen die Propriozeption, oder auch Tiefensensibilität genannt. Vielleicht braucht Ihr Gleichgewicht auch noch Input, um richtig zu stehen oder zu sitzen. Machen Sie sich doch an einer Situation einmal bewusst, was für Höchstleistungen Ihr Körper vollbringt, um eine kleine alltägliche Aufgabe zu erledigen! Zu welcher Art Menschen zählen Sie? Sind Sie eher der Grobmotoriker oder ein Feinmotoriker? Was müssen Sie alles in Ihrem Beruf beherrschen? Sind es eher geistige Fähigkeiten oder motorische? Überlegen Sie doch einmal, was Sie alles leisten müssen mit Ihrem Gehirn, Ihrer "Steuerzentrale"!

Vielleicht fällt Ihnen jetzt auch etwas ein, wo Sie schon länger dran verzweifeln, es einfach nicht hinkriegen?

Möchten Sie etwas motorisch lernen, lege ich Ihnen nun das Prinzip der Langsamkeit ans Herz. Unterteilen Sie die Aufgabe in mehrere kleine Schritte und führen Sie sie langsam aus! Sie dürfen auch, wie bereits in Kapitel 3 gelernt, jeden Schritt leise oder laut kommentieren, und natürlich dürfen Sie das Selbstlob nicht vergessen! Wozu auf das Lob des Lehrers warten? Vielleicht ist Ihre Methode ja die bessere. Währenddessen stellen Sie sich ebenso das Ergebnis vor, welches Sie mit Erfolg meistern!

Warten Sie bei jedem Lernschritt, ob Sie den vorherigen bereits gut genug können. Die Wiederholung macht bei manchen Anforderungen schon den entscheidenden Unterschied. Auch arbeitet Ihr Gehirn im Ruhemodus am besten weiter und vernetzt die neuen Nervenzellen. Erstaunlicherweise können Sie auf einmal eine Aufgabe erledigen, an der Sie vor zwei Tagen noch verzweifelt sind.

Zen-Geist bedeutet, seinen eigenen Weg zu gehen und nicht vorzugeben, schon alles zu wissen. Lernen Sie, wieder zu staunen über sich und die Schöpfung!

Ich habe eine Übung für Sie, die jeder Mensch mit einer Halbseitenlähmung nach einem Schlaganfall bewerkstelligen müsste. Schauen Sie, ob Sie es können. Welche Hilfsmittel würden Sie benötigen?

Übung

Machen Sie die Übung aus Kapitel 3, das Kaffeekochen, nun einmal nur mit einer Hand!

Transfer

Es gibt sicher noch andere Alltagsaufgaben, die Sie einmal anders erledigen können. Zum Beispiel Schreiben mit der ungewohnten Hand, Essen mit verbundenen Augen, Treppengehen rückwärts etc. Denken Sie sich einfach etwas Lustiges aus! Alle diese Tätigkeiten aktivieren beide Gehirnhälften und ganz verschiedene Zentren in Ihrem Gehirn! - Ich vermute allerdings, dass Sie bereits mit einer Hand Ihr Handy bedienen können?

Wenden Sie doch Ihre Einsichten und Erkenntnisse über sich selbst auf etwas an, was Sie als Nächstes lernen möchten! Vielleicht überlegen Sie schon lange, Gitarre spielen zu lernen oder ein anderes Instrument? Welche Zen-Prinzipien könnten Ihnen hierbei helfen? Vielleicht habe ich Ihnen bereits einige Denkanstöße gegeben, warum es bisher nicht geklappt hat, und Sie wagen einen neuen Versuch!

Wenn Sie die Geduld mit sich aufbringen, in Ihrem Lerntempo, in einer guten Lernumgebung und mit Ihren individuellen Begabungen zu lernen, sind Sie auf einem guten Weg, alles zu schaffen, wovon Sie träumen und was in Ihrer Reichweite ist! Für die ganz großen Träume dauert es manchmal lediglich etwas länger.

Kapitel 8

DIE ROUTINE DURCHBRECHEN

"Die Unbeständigkeit der Welt macht sie erst schön."
Weisheit aus Asien

Wie waren die Übungen im letzten Kapitel für Sie? Das ein oder andere war bestimmt nicht ganz so einfach, wie Sie dachten. Haben Sie sich wie ein Anfänger gefühlt? Genau dies war meine Absicht! Was sollte diese Aufgabe bringen?

Es geht darum, den Geist wieder flexibler zu machen. Ihr Gehirn liebt es, Neues zu lernen, aber für das Gelingen kommt es auf eine freundliche Lernumgebung an. Und natürlich möchten Sie wie eigentlich jeder Mensch Erfolge feiern können und Lob erfahren. Leider verhindern unsere Denkblockaden allzu oft, dass wir uns erneut als Erwachsene und Wissende auf den Weg des Schülers oder der Schülerin machen.

Nun, viele Gewohnheiten und eingeschliffene Verhaltensweisen helfen uns, schnell und unkompliziert durch den Tag - sie erleichtern uns natürlich auch das Denken. Aber ab und an können wir auch noch einmal überprüfen, ob wir wirklich die beste Herangehensweise gewählt haben! Was wäre, wenn Sie täglich immer den gleichen Weg zur Arbeit gehen oder fahren, und inzwischen eine neue Straße gebaut wurde, die wunderschön gelegen ist und noch dazu kürzer zu schaffen? Sie würden sich wundern, warum Sie davon nichts wussten, und sich vielleicht sogar ärgern, dass Sie Ihre Lebenszeit so vergeudet haben. Der schöne Ausblick und noch dazu die Zeitersparnis!

Hier hätte es sich bereits gelohnt, einmal etwas Neues auszuprobieren und ein gewohntes Denkmuster zu verlassen. Unser Geist ist leider oft träge. Fehlt es ihm und uns anscheinend an Energie, um sich aufzuraffen? Setzen wir hingegen unsere Energie besser ein, können wir auch besser haushalten! Das ist ungefähr so, wie wenn Sie einen Haushaltsplan für Ihr Geld entwerfen. Da überlegen Sie ja auch, wie Sie den maximalen Nutzen für Ihre Bedürfnisse bekommen.

Mein Vorschlag wäre nun, dass Sie sich darauf vorbereiten, öfters neue Wege zu gehen, indem Sie Ihre Routinen verändern. Sie werden erstaunt sein, wie sich jeden Tag mehr Möglichkeiten auftun, die Dinge einmal anders anzugehen. Wie sagt man dazu sprichwörtlich: "Die Abwechslung ist die Essenz im Leben".

Eine buddhistische Weisheit sagt, dass man sich einmal im Jahr an einen Ort begeben möge, an dem man noch nie gewesen ist. Jetzt muss man ja gar nicht so weit in die Ferne schweifen, um dieses Vorhaben zu realisieren. Wir bleiben beim Alltag und dem Zen-Prinzip der Einfachheit. Wie wäre es, in der unmittelbaren Umgebung anzufangen? Ein Spaziergang, auf einem unbekannten Weg, mit einer tollen

Aussicht auf Ihren Wohnort, wäre eine Idee. Oder Sie fahren mit dem Zug irgendwohin und steigen spontan aus. Vertrauen Sie Ihrem Körper mal auf diese Art und Weise, er führt Sie gewiss an einen Ort, wo Sie noch nie gewesen sind. Wecken Sie den Geist der Neugier und des Entdeckens!

Unser Gehirn baut seine Straßen genauso, wie wir es im Denken benutzen. Benutzen wir eine Art zu denken oft, ist diese Nervenbahn auch entsprechend stark ausgebaut. Möchten wir andere, neue Wege gehen, müssen wir anfangen, etwas anders zu machen. Je öfter wir es tun, umso selbstverständlicher wird es uns in Zukunft von der Hand gehen. Selbst schwer erkrankte Menschen, können auf dieselbe Art Erstaunliches leisten. Sie sind letztendlich nie zu alt, etwas nicht mehr lernen zu können. Auf Ihren Willen kommt es an.
Was hat das Ganze jetzt mit Stressbewältigung zu tun? Nun, wenn Sie eher bereit sind zu lernen, werden Sie weniger in den Zustand der Überforderung kommen. Das Gegenmittel gegen Überforderung und Unterforderung ist das "Neue" für unser Gehirn. Sie geben Ihrem Gehirn mit neuen Aufgaben stetig Input, zu arbeiten und zu lernen. Dabei geht es gar nicht mal um die Anhäufung von mehr Wissen oder irgendeine Art von Optimierung, sondern um das Training für flexibles Denken. Es ist quasi wie die tägliche Gymnastik für Ihr Gehirn.

Kreative Menschen werden meine Aussagen bestätigen können. Der schöpferische Mensch denkt eher über den geistigen Horizont hinaus, findet dadurch ungewöhnliche Lösungen für Problemstellungen. Spielerisch geht er an eine Aufgabe heran, probiert Lösungswege gedanklich oder handelnd aus und - manchmal erst nach ein paar Tagen - präsentiert sich die "beste" Antwort auf das Problem.

Mehr oder weniger verfügt aber jeder Mensch über ein kreatives Potenzial. Hat man es sich einmal bewusst gemacht, kann man es gezielter nutzen. Auch hier hat die Selbstüberzeugung von "Ich schaffe das" eine Bedeutung für das Gelingen, oder, wie bereits beschrieben, der Begriff der Selbstwirksamkeit.

Stellen Sie sich bitte drei Dinge in Ihrem Leben vor, bei denen Sie gedacht haben, dass Sie es nicht schaffen, und die Sie schließlich alleine oder mit Hilfe erledigt haben! Was hat Ihnen zum Erfolg verholfen? Wie sah die Lösung des Problems aus? Machen Sie sich Notizen auf einem Blatt Papier, um es noch anschaulicher zu machen!

Ich gehe fest davon aus, dass Sie ein oder mehrere Beispiele aus Ihrem Leben gefunden haben. Und dass Sie nun beflügelt sind, an Ihren Denkmustern zu arbeiten!

Die Bewegung unterstützt unser Gehirn beim Lernen und beim Bilden neuer Nervenzellen. In der frühkindlichen Entwicklungsförderung wird dieses Prinzip erfolgreich, zum Beispiel bei Sing- und Tanzspielen, angewendet. Für unser Denkorgan ist es eine willkommene Abwechslung, anders gefordert zu werden. Viele verschiedene Hirnregionen steuern schließlich auf sehr komplexe Art und Weise höchst anspruchsvolle Aufgaben. Für die Motorik sind andere Zentren verantwortlich, als für das Lösen einer Mathematikaufgabe. Sie können nun Ihren Körper einsetzen, um neue Handlungswege einzustudieren. Probieren Sie es aus! Es wird Ihnen guttun und Freude bereiten, etwas anderes als das Gewohnte zu machen.

Beginnen Sie jeden Tag mit dem Zen-Motto: Jeder Tag ist ein neuer Tag!

Übung

Wählen Sie bewusst einen anderen Weg zur Arbeit oder zum Supermarkt. Achten Sie nicht auf die kürzeste Strecke, sondern auf die schönste! Gehen oder fahren Sie den Weg achtsam!

Transfer

Machen Sie ungewohnte Dinge, wie ein Stück bewusst langsam zu gehen, oder bauen Sie in Ihre Joggingstrecke ein paar Fitnessübungen ein. Ändern Sie einfach mal die Morgenroutine und machen alles in einer anderen Reihenfolge.
Überlegen Sie in Ruhe, was zu Ihrem Leben, zu Ihrem Alltag passen könnte! Machen Sie sich Notizen, dass Sie jeden Tag eine Kleinigkeit anders machen. Schauen Sie in sich hinein. Wie finden Sie die neue Abwechslung? Haben Sie bereits neue Ideen, was Sie als Nächstes machen können?

Kapitel 9

DER AUFGERÄUMTE GEIST

"Was ist die größte Weisheit? Das tägliche Leben."
Weisheit aus Asien

Es gibt die Anekdote, dass ein Mönch zum Meister geht und ihn um Erleuchtung fragt: Meister, sage mir, wann erlange ich Erleuchtung? Der Meister antwortete: Hast Du schon gegessen? Hast Du schon Deine Blechschüssel gereinigt?

Diese Geschichte verdeutlicht, wie einfach manche Erkenntnisse doch zu finden sind. Unabhängig von der spirituellen Gesinnung, die ein Mensch in sich trägt, kann jeder ein Stück Erleuchtung in seinem Alltag finden. Zu weit schweift unser Geist häufig, um Antworten auf die kleinen und großen Fragen des Lebens zu finden. Am Ende unserer Überlegungen ist alles eine Glaubensfrage und wir müssen die Gleichnisse der Religionen und Weltanschauungen in unserem persönlichen Leben wiederentdecken. Sonst bleiben es Worthülsen - ohne Inhalt - abstrakt und nicht fühlbar.

Zen widmet sich in vielen Gleichnissen intensiv der Lebenspraxis und dem Alltäglichen. Auch das Prinzip der Klarheit und der Ordnung hat eine tragende Bedeutung. Wir möchten Gedankenstille und Ruhe erreichen. Wie genau können uns nun diese Prinzipien beim Aufräumen des Geistes helfen?

Im vorherigen Kapitel haben Sie sich Gedanken gemacht, über die Routinen in Ihrem Tagesablauf. Mit den Übungen haben Sie bereits erste Veränderungen alltäglicher Handlungen durchgeführt. Vielleicht haben Sie sogar schon eine neue Routine in Ihren Plan für den Tag aufgenommen. Ich hoffe, Sie haben achtsam mit sich selbst gespürt, dass es schön ist, etwas einmal anders zu probieren.

Sie sehen, dass es bereits im Alltag möglich ist, ganz viel zu verändern, und dass so manche Gewohnheit sich als sinnlos erweist. Dies alles nenne ich "Aufräumen des Geistes". Sie behalten das Wertvolle und trennen sich von dem Unsinnigen, den inzwischen wertlosen Dingen. In der täglichen Prüfung und dem Bewusstwerden, erkennen Sie, dass Sie zu einer neuen Ordnung gefunden haben. Eben diese Ordnung kann Ihnen nun auch helfen, sich von weiteren sinnlosen Gedanken zu trennen. Leben Sie Ihre Fragen und probieren Sie neue Wege aus. Handeln Sie, statt darüber nachzudenken. Das Einzige, was zählt, sind Handlungen, um aufkommende Zweifel zu beseitigen. Erst dann erhalten wir den notwendigen Abgleich mit der Lebenswirklichkeit.

Zen beinhaltet auch das Prinzip des "Weniger", statt des "Mehr". Klarheit statt Chaos. Reduzierung statt Überfluss.

Sie räumen nun Stück für Stück Ihren Geist auf und bemerken, dass viel Energie für unnütze Gedanken verwendet wurde. Diese Gedanken habe ich bereits mit dem Wort "Hintergrundrauschen" benannt. Ständig tauchen Wortfetzen in unserem Kopf auf, was wir noch wie zu erledigen haben und besorgen müssen. Das Gedankenkarussell in der Menge zu reduzieren, ist ein erstrebenswertes Ziel bei der Stressbewältigung. Wir möchten uns befreien, aus dem Wirrwarr an Gedanken und Gefühlen und dem ihnen innewohnenden, sich wiederholenden Kreislauf.

Durch die Erkenntnis, was wirklich wichtig und sinnvoll für unser Leben ist, fällt doch schließlich eine Menge an überflüssigen Gedanken weg. Indem wir eine Bewusstheit erlangen, können wir entscheiden, anstatt im immer wieder hereinbrechenden Gedankenkino zu sitzen. Werden Sie zum Handelnden, um aktiv Ihre Lebenswelt zu gestalten!

Durch die Meditation über ein Thema haben Sie bereits gelernt, den Gedanken ihren Platz zuzuweisen. Sie haben die Führung zurückerobert. Schauen Sie in sich hinein, welche Gedanken Sie weiterhin öfters täglich begleiten. Welche Dinge schieben Sie ständig auf, weil Sie sie nicht gerne machen? Hier möchte ich einmal ansetzen. Wie viel Energie wird an genau dieser Stelle verschwendet? Wäre die unliebsame Sache bereits erledigt, würden die Gedanken daran logischerweise verschwinden!
Die Routine des Aufschiebens und "Nicht-erledigen-Wollens" würde sich demnach lohnen zu verändern. Jegliche Unordnung lenkt den Geist ab, macht ihn sprunghaft, führt zu Hintergrundrauschen. Das Resultat ist der bereits zitierte "Affengeist".

Nehmen Sie sich nun ein Blatt Papier. Schreiben Sie alle Verrichtungen an einem Tag auf, die Sie erledigen müssen. Unterstreichen Sie die Tätigkeiten, die Sie häufig geneigt sind zu verschieben.

Versuchen Sie jetzt, eine neue Ordnung in den Plan zu bringen. Welche lästigen Dinge könnten Sie zuerst erledigen, um dann Raum für andere Dinge zu gewinnen? Alle Sätze mit einem "Ich müsste" oder "Ich sollte" sollten Sie alarmieren. Ersetzen Sie sie mit einem "Ich mache das jetzt".
Vielleicht möchten Sie auch eine Aufgabe an ein Familienmitglied delegieren? Dies könnte ebenso sinnvoll sein! Sie müssen nicht alles alleine schultern. Machen Sie sich einen Plan ganz nach dem Motto: Wenn das gemacht ist, habe ich meine Ruhe.

Sie werden die Erfahrung machen, dass eine sinnvolle Struktur Ihnen den Alltag sehr erleichtern kann. Wenn Sie Ihren Gedankenmüll beseitigen, entsteht Raum für Erholung und Entspannung. Die entstehende freie Zeit kann sogar zusätzlich für schöne Freizeitaktivitäten genutzt werden. Leider kann kein Außenstehender für Sie die Arbeit leisten, Ordnung in Ihre Gedanken zu bringen. Daher packen Sie es an! Ich bin gespannt, wie groß Ihr Haufen an Gedankenmüll wird.

Natürlich können Sie nicht alles delegieren, auch Ihre Angehörigen und Freunde haben schließlich ihre Müllberge und werden sich weigern, Ihnen etwas abzunehmen. Fragen Sie sich stets, ob es Sinn macht, weiterzukämpfen, oder ob es weniger Energie beansprucht, wenn Sie es einfach annehmen und selbst erledigen. Es geht letzten Endes um Ihr persönliches Wohlergehen!

Wenn Sie es angenommen haben, dürfen Sie sich jedoch nicht mehr darüber beschweren...

Übung

Führen Sie Tagebuch über Ihre Routinetätigkeiten. Das können zum Beispiel sein: aufräumen, Müll wegbringen, Staubsaugen, putzen, Geschirr spülen, einkaufen etc. Verändern Sie, was Sie verändern können. Delegieren Sie, was Sie delegieren können. Führen Sie mit Gleichmut aus, was Sie nicht verändern können oder wollen!

Transfer

Überlegen Sie weitere Situationen, in denen Sie dringend einmal aufräumen müssten. Das kann ein persönlicher Aktenordner sein oder Ihre Küchenschränke. Vielleicht gibt es auch Handlungsbedarf auf Ihrer Arbeitsstelle, der Ihnen oder Ihren Kollegen zu einem besseren Miteinander verhelfen kann. Machen Sie ein Brainstorming und schreiben Sie einmal alles auf, ohne zu bewerten!

Kapitel 10

WENIGER STATT MEHR - BEDÜRFNISREDUZIERUNG

"Unsere Wünsche sind ähnlich wie kleine Kinder.
Je mehr man ihnen nachgibt, umso anspruchsvoller
werden sie."
Weisheit aus China

Ich habe bereits das Zen-Prinzip des Wenigen statt des Vielen erwähnt. Ich habe es dort im Zusammenhang mit der Menge der Gedankenflut angewendet - dass wir Klarheit erlangen können durch das Aufräumen des Geistes.
Zu den Inhalten der Gedanken lässt sich noch ein weiterer wichtiger Aspekt ergänzen: das "Mehrwollen". Dann sind wir bei der Begierde oder dem Begehren angelangt, dem Anhaften, dem Mehr-Besitzen-Wollen. Alles Beschreibungen, die beinhalten, dass wir unserem Leben etwas hinzufügen möchten.

Wir als westliche Konsum-Menschen sind überwiegend von klein auf dazu erzogen oder darauf geeicht worden, mehr zu wollen. Wir kaufen fast täglich Waren, alles ist quasi jederzeit im Handel verfügbar. Wir haben Wohlstand, der Befriedigung unseres materiellen Bedürfnisses steht also nichts im Wege. Warum dann das Ganze hinterfragen? Etwas zu besitzen, macht uns doch glücklich - mindestens für einen Moment. In unserem Gehirn werden wir nach einem Kauferlebnis reichlich mit Botenstoffen versorgt, die uns bestätigen, dass wir das Richtige getan haben. So wie der Süchtige seinen Kick hat, wenn er sich die erforderliche Dosis einverleibt hat, erfahren auch wir danach das Gefühl von Zufriedenheit und Glück.

Erst finanzielle Not, oder Lebenskrisen führen uns häufig zu der Erkenntnis, dass ein großer Teil der Bedürfnisse gar nicht befriedigt werden muss - folglich ein Verzicht eigentlich keine so große Sache wäre.

Trotzdem gehen dann viele Menschen ganz selbstverständlich den Weg der Kreditbeschaffung, kommen nicht auf die Idee, Verzicht zu üben. Es scheint eine große Willensanstrengung nötig zu sein, das begehrte Objekt wegzulassen. Der entscheidende Denkanstoß muss erst wehtun bzw. es muss ein Leiden da sein, das uns zum Umdenken zwingt.

Gehen Sie doch einmal in Gedanken Ihre Besitztümer durch, Raum für Raum, Schrank für Schrank. Auf was könnten Sie verzichten? Ganz oder für immer, gäbe es andere Lösungen, wie etwas zu teilen? Ich bin mir sicher, dass es bei Ihnen den ähnlichen Effekt hat, wie bei mir: Es gab ganz viele Sachen, die ich nicht brauchte. Manche Gegenstände tragen noch eine Erinnerung in sich, an einen Menschen oder eine Begebenheit, aber brauchen - davon kann nicht die Rede sein.

Vor ca. 10 Jahren habe ich dazu eine bezeichnende Erfahrung gemacht. Das Haus, in dem ich wohnte, war aufgrund von Sanierungsmaßnahmen, in denen ein Mangel entdeckt wurde, innerhalb weniger Stunden abgesperrt und einsturzgefährdet. Nur durch einen Zufall hatte ich davon erfahren, ich war zu dem Zeitpunkt auf einer Wanderung in einer anderen Gegend. Ich bekam von der Wohnungsgenossenschaft noch ein einziges Mal die Gelegenheit, in meine Wohnung zu gehen und das Nötigste in mein Auto zu laden. Innerhalb kürzester Zeit musste ich also entscheiden, was mir wirklich wichtig ist und was nicht. Sie glauben gar nicht, wie unwichtig mein Hausrat war. Das Wichtigste waren letztendlich die Dokumente, die man in einem Land wie Deutschland dringend benötigt, und eine Tasche mit Kleidung und wenigen, persönlichen, lieb gewonnenen Sachen.

Das Haus wurde letztendlich später abgerissen. Ich durfte meine Besitztümer aber noch herausholen. Dieses Erlebnis hat mir verdeutlicht, wie Menschen sich fühlen, die etwas zurücklassen müssen, aus Flucht oder einer anderen Notlage. Es hat mich gelehrt, wie ich Wichtiges von Unwichtigem unterscheide. Mein Kopf hatte bei dem Ereignis sofort in den Überlebensmodus umgeschaltet und sich gefragt: Was brauche ich, damit es weitergeht?

Überlegen Sie doch bitte einmal, was Sie in Ihr Auto laden würden, wenn es Sie ähnlich träfe? Ein Feuer oder eine Naturkatastrophe kann uns auch in Deutschland heimsuchen. Zu welchen Antworten kommen Sie?

Da Sie jetzt ein wenig über Ihre persönlichen Besitztümer nachgedacht haben, möchte ich Sie noch dazu fragen: Haben Sie Angst, Ihre Sachen zu verlieren? Ihr Haus, Ihr Auto, Ihre neue Küche oder was auch immer? An welchen Gegenständen hängen Sie und aus welchem Grund? Macht Ihr Besitz Sie frei oder eher nicht?

Was würden Sie anschaffen, wenn Sie bei Null anfangen müssten? Spätestens an dieser Stelle würden - so denke ich - jetzt ein paar überflüssige Gegenstände wegfallen.
Vielleicht würde Sie das "Weniger-Wollen" zudem auch noch glücklicher machen. Weniger Angst, etwas zu verlieren, was Sie gar nicht haben. Mehr Freiheit, ohne eine Verbindlichkeit, wie ein eigenes Haus oder ein Auto, auf Kreditbasis finanziert.

Die Antworten, zu denen Sie kommen, können sehr vielfältig ausfallen. Sich aber einmal deutlich zu machen, was für die Existenzsicherung nötig ist und was eher zu dem "Zuviel" zählt, was ich mir so darüber hinaus gönne, halte ich für ein gutes und klärendes Gedankenexperiment.

Schließlich sind unsere Meinungen veränderbar und führen manchmal zu besseren Lebensentwürfen, wenn man einmal über sie nachdenkt.

Die Fragen, um die es sich dreht, sind aber nicht nur materieller Art. Es gibt ja noch weiteres Wollen. Das Wollen nach ideellen Dingen wie freier Zeit, der Ausübung eines Hobbys oder Ähnlichem. Manche Wünsche sind an Geld oder einen Gegenwert gekoppelt, andere beinhalten eher Wertvorstellungen, die Ihrem Leben einen Sinn verleihen.
Sich der Sinnhaftigkeit des eigenen Lebens bewusst zu werden, führt uns Menschen meist auch in den Bereich der Spiritualität. In sich stimmig muss unser Weltverständnis sein, damit wir unsere Handlungen danach ausrichten.

Der Zustand von dauerhaftem Glück und Zufriedenheit entsteht, wenn wir das Gefühl haben, unseren persönlichen Sinn gefunden zu haben. Was wir haben und was wir sind, zeigt uns unseren Platz in der Gesellschaft. Sind Sie mit Ihrem Platz zufrieden? Warum? Oder gibt es ein ständiges Streben nach "mehr"? Würde Sie das "Mehr" tatsächlich glücklicher machen?

Immer wenn es in meinem Leben um Existenzfragen ging, habe ich mir die Frage gestellt: Was habe ich, was mir keiner nehmen kann? Als Antwort kam dann heraus, dass es wenig angreifbare und immaterielle Dinge waren, wie mein Wissen, meine Erfahrungen und meine Erinnerungen. Nur ein tragisches Ereignis wie ein Schlaganfall oder eine ähnliche schwere Erkrankung könnte mir auch diese Dinge nehmen. Aber dann hätte ich wenigstens bis dahin nach meinen Vorstellungen gelebt.

Ich habe mich auch oft gefragt, ob das klösterliche Leben den Mönchen und Nonnen Erkenntnisse gibt, die ohne Weiteres auf das weltliche Leben übertragbar sind. Schließlich leben sie abgeschirmt von der Außenwelt, nach den klösterlichen Regeln und mit großem Verzicht auf all die Dinge, die unser Leben ausmachen. Auch müssen Sie nicht für Ihre Unterhaltskosten aufkommen, sondern erhalten Spenden und Almosen. Aus meiner Sicht fallen dadurch viele Nöte und Ängste des arbeitenden Menschen weg und die Fragen der Existenzsicherung haben ein anderes Gewicht. Trotzdem glaube ich, dass der wenige Besitz und das wenige Wollen eine wertvolle spirituelle Erfahrung beinhalten. Erst durch den Verzicht bemerken wir die wahre Bedeutung, die den Dingen innewohnt.

"Wunschlosigkeit führt zu innerer Ruhe."
Laotse

Wir können auch unser Wollen hinterfragen und überflüssiges Kopfkino abschütteln.
Mit etwas Abstand betrachtet, fallen viele unwesentliche Dinge, die wir nicht wirklich benötigen, weg.
Mit weniger Begehren werden unser Leben und unser Denken stressfreier, klarer und ruhiger.

Übung

Verzichten Sie einmal am Tag auf eine Gewohnheit, die Sie als zwingend notwendig erachten. Dies kann zum Beispiel die routinemäßige Tasse Kaffee am Morgen sein oder ein Stück Schokolade zum Kaffee. Überlegen Sie sich einen echten Verzicht! Was war schwer am Weglassen?

Transfer

Gehen Sie nur noch mit Einkaufszettel einkaufen und fragen Sie sich vorher - mit einem Blick in den Kühlschrank: Was brauche ich wirklich? Gehen Sie auch bei anderen Anschaffungen planvoller vor. Vielleicht können Sie auch gebrauchte Dinge kaufen statt neuwertiger? Könnten Sie sich auch eine Anschaffung teilen?

Wo vergleichen Sie sich mit anderen und wollen mehr? Wo könnten Sie zufriedener sein, wenn Sie weniger wollen würden? Wer oder was entscheidet, ob Sie zufrieden sind? Wann ist mehr Wollen sinnvoll, wann nicht?

Kapitel 11

DIE MACHT DER GEFÜHLE

"Hast Du die Geduld zu warten, bis der Schlamm sich gesetzt hat und das Wasser klar ist? Kannst Du unbewegt verweilen, bis die rechte Handlung von selbst auftaucht?"
Laotse

Wie oft tun wir Dinge, über die wir uns nachher ärgern? Wie oft ärgern wir uns über Dinge, über die wir uns gar nicht ärgern wollen? Wie oft bereuen wir im Anschluss, dass wir uns nicht unter Kontrolle haben? Was folgt, ist erneut ein schlechtes Gefühl, und wieder ärgern wir uns. Kommen Ihnen diese oder ähnliche Gedanken bekannt vor? Oft verfangen wir uns in unserem Kopf- und Gefühlskino. Das eine befeuert das andere und es dauert eine Weile, bis es zum Ende kommt.

In unserem Körper dauert ein Gefühl chemisch gar nicht so lange an. Nach ein paar Sekunden oder manchmal auch Millisekunden könnte jede Emotion verschwunden sein, was sie aber am Leben hält, sind unsere aufkommenden Gedanken und die folgenden biochemischen Reaktionen in unserem

Körper. Die negative Bewertung durch unser Denken macht uns also unser Leben schwer. Dann fühlen wir uns ausgeliefert und empfinden auch weniger Kontrolle über uns und eine Situation.

Überlegen Sie einmal, wo Sie sich wiederholt über immer die gleiche Sache aufregen! Wie viel Energie vergeuden Sie auch dort in diesem Moment? Das kann eine Situation auf der Arbeit sein oder ein Ärgernis in der Partnerschaft. Stellen Sie sich bitte erneut die Frage: Kann ich es ändern, was kann ich ändern? Oder kann ich es gar nicht ändern und nehme es besser an, so wie es ist? Erst wenn Sie unentschlossen sind, wie Sie mit der Angelegenheit umgehen, geben Sie Ihren Gedanken die Macht über Ihr weiteres Erleben! Sie entscheiden letztlich, ob Sie enttäuscht, wütend, traurig oder aufgeregt sind.

Natürlich ändert sich nicht, dass wir laufend Ungerechtigkeiten erfahren oder berechtigte Angst vor einer Sache empfinden, aber der Umgang damit und das Bewusstmachen, liefern uns Anhaltspunkte, was wir in unserem Leben anders haben möchten. Wir können uns das Unangenehme zum Freund machen und versuchen, die Botschaft daraus zu verstehen.

Hier können Sie wieder Ihre Erkenntnisse aus den vorherigen Kapiteln zu Hilfe nehmen. Meditieren Sie über Ihre Gefühle und Gedanken, überlegen Sie sich neue Lösungswege und studieren Sie diese in Ihrer Phantasie ein. Ihr Gehirn reagiert auf eine lebhafte Visualisierung mit denselben biochemischen Prozessen wie auf ein reales Erlebnis. Überprüfen Sie, ob Ihre Vorstellungen der Realität entsprechen, und korrigieren Sie sie gegebenenfalls.
Gute Gedanken werden gute Gefühle nach sich ziehen, schlechte Gedanken führen zu einem

schlechten Körperzustand. Prüfen Sie sorgfältig Ihre Denkgewohnheiten und die daraus resultierenden Befindlichkeiten.

Aus der Hirnforschung ist bereits bekannt, dass je nachdem, wie wir unser Gehirn benutzen, die entsprechenden Nervenbahnen verstärkt werden. Denken wir also häufiger positiv und mit guten Gedanken, verändert sich im Laufe der Zeit unsere Wahrnehmung zum Positiven! Umgekehrt funktioniert der gleiche Mechanismus ebenso, was zur Folge hat, dass wir zu Miesepetern werden, die mehr jammern, als gut reden. Unser Gehirn schüttet dann auch mehr Stresshormone aus und unser allgemeines Wohlbefinden nimmt ab. Oft passiert es, dass wir diese Veränderung an uns gar nicht bemerken. Erst wenn unsere Mitmenschen uns darauf aufmerksam machen, geht uns ein Licht auf.

Schärfen Sie daher auch Ihre Wahrnehmung auf Ihre Gemütszustände und darauf, wie Sie sich in Gesprächen darüber äußern! Vielleicht fällt Ihnen auf, dass Sie voller Negativ-Botschaften sind. Vielleicht fällt Ihnen auch auf, dass Ihre nächsten Mitmenschen gerne jammern und sich ärgern und dass dies auch auf Ihre Stimmung abfärbt? Ein Ausweg könnte dann sein, sich von diesen Mitmenschen fernzuhalten und nicht mehr auf die Gespräche einzusteigen. Tun Sie es doch, nehmen Sie die schlechte Stimmung in sich auf, und Ihr Wohlbefinden leidet.
Die Annahme, dass wir uns unseren Frust ständig von der Seele reden müssen und dass es gut tut, ist eher nicht richtig. Wie bereits erwähnt, unterscheidet auch da unser Gehirn nicht, ob wir es gerade erleben oder nur darüber reden. Wir regen uns auf und durchleben das Gesagte wieder und wieder. Folgerichtig ist es besser, weniger über unseren

Zorn zu reden oder ihm einen dafür vorgesehenen Platz zu geben! Sie sind der Bestimmende.

Sicher sollen wir uns in unserem Alltag nicht alles gefallen lassen und es anschließend runterschlucken, sicherlich müssen wir unseren Frust auch schon mal in Worte fassen - aber in einer Dauerschleife des Klagens und Ärgerns zu stecken, führt nachweislich zu schlechten Gefühlen auch in anderen Lebensbereichen. Unsere Wahrnehmung von unserer gesamten Zufriedenheit wird zunehmend getrübt.
Oft wird im Klagen auch die Verantwortung für das eigene Befinden abgelehnt und die Schuld nur beim anderen oder in anderen Ursachen gesucht. Sie befinden sich dann wieder in der Opferrolle und im schlimmsten Gedankenkino, denn Sie geben dann die Entscheidung über Ihr Wohlbefinden ab.

Beobachten Sie sich: Zu welchem Typ gehören Sie? Lehnen Sie sich gerne in Aggression auf, verdrängen Sie und wollen Sie flüchten, oder reagieren Sie gar nicht und verweilen in einer Art Schockstarre? Alle Reaktionsweisen können in Ihnen vorkommen und deuten auf Stress und Überforderung hin. Manchmal reicht bereits die Vorstellung von etwas aus und wir begeben uns in diese Reaktionen. Auch da unterscheidet unser Gehirn nicht, ob es gerade eine tatsächliche Bedrohung gibt oder wir nur daran gedacht haben!
Vielleicht erkennen Sie sogar ein Muster in Ihrem Erleben: Sie fühlen sich zum Beispiel immer ohnmächtig und hilflos, wenn Ihr Chef Sie ins Büro zitiert... Wahrscheinlich begleitet Sie dann Ihr Muster schon länger und es gibt dazu sogar ein Schlüsselerlebnis in Ihrer Kindheit: Ihr Vater hat Sie für ein kleines Vergehen bestraft und seitdem fühlen Sie sich klein und hilflos. Jede Biografie hat dem

Menschen so sein eigenes Gefühlsleben hineingeschrieben. Nutzen Sie die Kraft Ihrer Vorstellung, um die Situation anders ausgehen zu lassen. Sie sind erwachsen und schaffen das!
Stressreduzierung bedeutet, erneut aus dem Kreislauf auszusteigen und sich den Lösungen zu widmen, statt den Problemen. Sie werden sehen: Bereits nach ein paar Wochen des Umdenkens werden die ersten Veränderungen wirksam und gute Gedanken und weniger Ärger sind in Ihrem Kopf präsent.

Hat sich "der Himmel einmal geklärt und die Luft ist wieder besser", werden sich ganz neue Sichtweisen auftun. Mit der neuen Wahrnehmung können Sie natürlich in vielen kleinen Schritten etwas zu Problemlösungen beitragen. Indem sich die Dinge zum Guten wenden, wachsen schließlich Ihr Selbstvertrauen und Ihre Selbstwirksamkeit.
In einem ruhigen und klaren Gemütszustand lassen sich dann auch besonnene Entscheidungen treffen. Wie oft haben wir uns durch Zorn und Ärger ein Stückchen Leben vermasselt, indem wir bildlich gesprochen die Türen zugeknallt haben, statt sie angelehnt zu lassen? Zen beinhaltet einen offenen Geist, statt eines Tunnelblicks.

Überlegen Sie nun einmal, wo Sie aus Wut das Falsche getan haben. Vielleicht haben Sie einen Job gekündigt, eine Beziehung beendet oder jemanden unrechtmäßig beschimpft. Wie schwer war es anschließend, mit dem Ergebnis umzugehen? War etwas unwiederbringlich zerbrochen? Wäre ein gemäßigter Weg auch eine Möglichkeit gewesen?

Der Krieg in uns ist einer, den wir selber aktiv führen und der schädigend auch gegen uns selbst gerichtet ist. Wir treffen nicht nur den Gegner mit unseren

Waffen, die Energie trifft ebenso uns und macht uns psychisch und physisch zu schaffen.

Auch unsere Körperhaltung beeinflusst unsere Gefühle. Wir können uns diese Wechselwirkungen zunutze machen, indem wir die entsprechende Körperhaltung einnehmen. Wenn Sie lächeln, signalisieren Ihre Gesichtsmuskeln Ihrem Gehirn, dass es Ihnen gut geht. Ihr Gehirn antwortet mit weiteren glücklich machenden Botenstoffen. Was folgt, sind gute Gedanken, statt negativer. Machen Sie sich diese Wirkungsweise Ihrer Steuerzentrale einmal bewusst für Ihr Weiterkommen im Leben. Sie können die Zügel in der Hand halten und sehr viel mit dem richtigen Denken und der richtigen Körperhaltung erreichen! Gehen Sie aufrecht, wenn Sie etwas erreichen möchten. Zur Verdeutlichung ein praktisches Beispiel: Setzen Sie sich einmal gebückt hin, mit gesenktem Kopf, und rufen Sie freudig aus: "Mir geht es gut". Sie werden merken, dass sich dies nicht stimmig anfühlt, dass Ihr Körper anderes signalisiert. Ihr Körper bringt dann zum Ausdruck: "Ich bin niedergeschlagen" oder "Ich bin in Sorgen".

Übernehmen Sie die Führung und klären Sie Ihren Geist erneut von störendem und überflüssigem Gedankenmüll. Gehen Sie den Weg in kleinen Schritten, überfordern Sie sich nicht. Wir müssen erst lernen, dass es auch anders geht. Unsere alten Denkmuster werden uns noch häufig behindern, erst nach und nach macht sich die Erkenntnis breit und wir können auch handeln. Unsere ganzen Gewohnheiten reagieren oft mit Trägheit und Widerstand, wenn wir eine Veränderung anstreben.

Ziel ist es, zu einer besonnenen Wahrnehmung zu gelangen. Wir haben erkannt, dass wir nicht machtlos sind, sondern lernen können, abzuwarten. Sind

wir dann nicht mehr vernebelt von unseren Gefühlen, können wir in Ruhe entscheiden und eine Situation eher zum Positiven wenden.
Ihr bisheriges Leben wirft sicher den ein oder anderen Schatten. Treten Sie heraus und verlassen Sie die Opferrolle. Durch Achtsamkeit mit uns selbst und im geduldigen Tun verändern wir unser Leben. Schreiben Sie Ihre Biografie neu!

Übung

Gehen Sie Ihren heutigen Tag durch. Was für Emotionen hatten Sie? Schreiben Sie alle Gefühlszustände von Wut und Traurigkeit bis Freude auf. Schreiben Sie "Da war... z.B. Wut“ und in Stichpunkten den Grund dahinter. Wenn Sie es erneut fühlen, atmen Sie 10 Atemzüge tief durch und schauen dann: Was hat sich verändert? Treten Sie gedanklich einen Schritt weg von der Situation, ist es immer noch so intensiv? Lassen Sie die Gefühle kommen und gehen, ohne übermäßig darauf zu reagieren. Bewerten Sie nicht, wie Sie empfinden.

Transfer

Gute Erlebnisse und die dazugehörigen Gefühle dürfen Sie sich öfters am Tag intensiv vorstellen! Merken Sie, wie sich ein Lächeln auf dem Gesicht breitmacht und wie Ihre Stimmung steigt? Machen Sie diese Übung so oft wie möglich!

Kapitel 12

DIE EIGENE WICHTIGKEIT

"Fordere viel von Dir selbst und
erwarte wenig von anderen.
So bleibt Dir so mancher Ärger erspart."
Konfuzius

Sie haben in den vergangenen Kapiteln gelernt, sich besser zuzuhören. Indem Sie Ihre Gedanken und Gefühle still beobachten, bemerken Sie, dass jede Emotion vorüberzieht und auch Gedanken sich laufend verändern. Wenn wir nicht bewerten und uns nicht einsperren in Sichtweisen von gut und böse, lösen sich viele Emotionen nach einer Zeit in Luft auf.

Viele Menschen kennen den Wert der "bedingungslosen Liebe" nicht. Dass wir annehmen und geben, ohne dafür im Gegenzug etwas zu erwarten. Diese Haltung des Willkommenheißens öffnet Ihrem Gegenüber die Tür, so zu sein, wie er ist - ohne Verstellung seines Wesens. Wie oft ist es hingegen angebracht, sich an gesellschaftliche Gegebenheiten anzupassen? Sie gehen auf die Behörde, um einen Antrag zu stellen, und müssen sich erwartungsgemäß bittstellend, vielleicht sogar unterordnend verhalten. Lieber würden Sie ganz anders auftreten, aber eine Stimme - die Stimme der Erziehung - sagt Ihnen: Verhalte Dich lieber so, um zum Erfolg zu kommen. Ich für meinen Teil, finde es schrecklich, wenn sich so etwas in meinem privaten Leben abspielt. Ich möchte doch, dass Freunde und Nahestehende sich ohne Verstellung wohlfühlen mögen.

Am ehesten erreiche ich dies, indem ich möglichst nichts erwarte. Das ist ähnlich wie mit den Besitztümern. Die verliere ich erst, wenn ich sie besessen habe. Meine Erwartungen werden erst enttäuscht, wenn ich überhaupt eine Erwartung gehegt habe. Indem ich offen und gastfreundlich bin, ermögliche ich jede erdenkliche Haltung des Gegenübers. Damit mir dies gelingt, muss ich aber erst die offene und freundliche Haltung mir selbst gegenüber praktizieren. Nur was ich mir selbst an Achtung und Respekt entgegenbringe, bin ich in der Lage, meinem Gegenüber zu zeigen.

Nehmen Sie einmal den Begriff Enttäuschung - es bedeutet im Wortsinn Ent-täuschung, das bedeutet: Eine Täuschung ist aufgeflogen, Sie sind erleuchtet worden! Sie sind sich einer Sache bewusster geworden, nämlich dass etwas nicht wie erwartet eingetreten ist. Praktizieren Sie nun als Haltung die Erwartungslosigkeit, geben Sie sich selbst weniger Wichtigkeit und ersparen Sie sich so manches schlechte Gefühl.

Viele Gefühle entstehen nicht aus sich selbst heraus, sondern durch unsere Verstrickungen und Beziehungen zu anderen Menschen. Wir sind alle miteinander verbunden. In ständiger Interaktion reagieren wir auf unsere Worte und unsere Handlungen. Da bleibt es nicht aus, dass Konflikte entstehen. Nicht jeder Mensch verfügt über die Gabe, in einem Gespräch für Klarheit zu sorgen und Ärger und Verdruss zu beseitigen. Manchmal sind sogar sehr hohe kommunikative Fähigkeiten erforderlich, sodass sich mancher nicht selbstbewusst genug fühlt, ein Gespräch zu seinen Gunsten zu führen. Wie oft geben Sie auf, bevor Sie anfangen, etwas zu klären? Wie oft ist die Angst größer, eine Schwäche zu offenbaren?

Wäre es an dieser Stelle nicht hilfreicher, Sie hätten überhaupt weniger Meinungen, die Sie vertreten müssten? Dann bräuchten Sie auch weniger Argumente, die Sie bereithalten müssten. Oft klammern wir uns rechthaberisch an einem Standpunkt fest, was unser Gegenüber verleitet, ebenso seinen Standpunkt vehement zu verteidigen. Am Ende entscheidet häufig die Macht oder Überlegenheit, wer "gewinnt". Ich möchte Sie nicht dazu anhalten, auf Konfliktklärung zu verzichten - im Gegenteil - aber folgen Sie bitte meinem Gedanken: Ob ein offener Geist, ein annehmender Geist es dem Gegenüber nicht einfacher macht, mit Ihnen zu einer Lösung zu kommen? Mit einer anderen, freundlicheren Grundhaltung, kann ich anschließend den Konflikt eher beilegen.

Das Einzige, was wir dafür tun müssen, ist, auf unsere Wichtigkeit zu verzichten. So wie wir praktizieren, uns bescheiden in unserem Wesenskern mit allen Widrigkeiten anzunehmen, nehmen wir schließlich unser Gegenüber an und bringen ihm die gleiche Wertschätzung und den gleichen Respekt entgegen.
Dabei spielt es keine Rolle, ob es sich um einen Freund handelt oder um den Vorgesetzten oder die Vorgesetzte. Dann stellen wir eine Verbindung her, zwischen unserem Denken und unserem Herzen.

Das Wort Mitgefühl resultiert aus eben dieser Grundhaltung den Menschen gegenüber. Wir sind alle eins und wir werden den ganzen Tag lang von ähnlichen Emotionen heimgesucht. Ich bin mir sicher, Sie kennen den Hass, den Zorn, die Aggression, ebenso wie ich. Und Sie kennen die Freundlichkeit, die Freude und die Liebe, ebenso wie ich. Jeder Mensch hat in seiner Kindheit oder seiner Biografie Bewertungen erfahren, die sein Verhalten erklären können und die ihn häufig gefangen halten in den gleichen Denkmustern, die Sie nun durch dieses Buch gerne loswerden möchten!

Betrachten Sie Ihre Feinde einmal als Ihr Spiegelbild. Alles, was Sie sehen, tragen auch Sie in sich. Vermutlich sind es sogar die Anteile Ihrer Persönlichkeit, mit denen Sie sich schwer tun. Manche Situationen können Sie für sich entscheiden, indem Sie sich sagen, dass Ihr Feind nur sein eigenes Gedankenkino an Ihnen auslebt! Kein Angriff und keine Provokation sind erfolgreich, solange Sie es nicht persönlich nehmen, solange Sie es gar nicht erst annehmen! Überlegen Sie sich, ob es klug ist, auf Angriffe Ihres Gegenübers zu reagieren und ihn damit zu bestätigen, oder ob Sie gar nicht handeln und Ihren Feind im Ungewissen lassen. Sie haben gewiss manchen Konflikt weniger, indem Sie das Feld, ohne eine Miene zu verziehen, räumen.

Stellen Sie sich wieder die Fragen: Kann ich etwas ändern, was kann ich ändern? Oder nehme ich es an, wie es gerade ist? Überlegen Sie sich, inwiefern Sie einen anderen Menschen ändern können. Steht es in Ihrer Macht, ihn zu ändern, oder in seiner? Können Sie Ihre Routine verlassen und ein Verhalten anders beantworten? Können Sie Ihre Vorstellung von dem anderen ändern?

Sie möchten Klarheit und Bewusstheit, Sie möchten Kraft wiedererlangen und in Ihrer Mitte ruhen. Indem Sie weniger reagieren und antworten, stattdessen eher abwarten und zuhören, nehmen Sie Ihren Gegnern die Gewalt Ihrer Angriffe. Denken Sie an die Energie, die sich bei einem Konflikt oder Streit im Raum befindet, und daran, dass Sie diese Energie selber steuern können. Wie in einem Gefäß sammelt sich die Energie dort, wo Sie sie hinlenken!

Übung

Nehmen Sie eine Konfliktsituation aus Ihrem jetzigen Leben. Malen Sie sich ein Wortgefecht aus. Ihr Gegner oder Ihre Gegnerin ist jetzt in Ihrer Vorstellung ein Kind, statt eines Erwachsenen. Verhalten Sie sich nun genauso wie bisher oder anders? Wie wäre es, auf eine Provokation einmal gar nicht zu reagieren? Üben Sie sich in Zurückhaltung!

Transfer

Stellen Sie sich Ihre Mitmenschen vor, wie sie in ihren Denkmustern gefangen sind und sich noch nicht befreit haben. Schauen Sie stattdessen auf Ihre persönliche Entwicklung zu einem wachen Bewusstsein und die daraus folgende Bereicherung für Ihr Leben. Was haben Sie alles schon geschafft auf Ihrem Weg?

Kapitel 13

ATEMMEDITATION

"Treib den Fluss nicht an, lass ihn strömen."
Laotse

Sie haben schon ein ganzes Stück Weg geschafft auf Ihrer Reise nach innen. Sie haben gelernt, dass Sie großen Einfluss auf Ihr Befinden haben. Ihre persönliche Haltung und die Kontrolle der Vorgänge in Ihrem Denken und Ihrer Wahrnehmung, bewirken eine nachhaltige Transformation Ihres Geistes. Auch Ihr Körper profitiert von der Veränderung. Wie bereits erwähnt, besteht eine direkte Verbindung von Geistes- und Gemütszuständen zu unserem Körper. Sind wir angespannt und sehen eine Bedrohung oder eine schwere Aufgabe, ist es unser Körper auch. Unsere Muskulatur verspannt sich und auch unsere Atmung verhält sich anders. Vielleicht stoppen wir für einen Moment oder wir atmen hektischer, unser Herz klopft aufgeregt, wir kommen aus dem Takt.

In einer entspannten Körperhaltung atmen wir gleich den Gezeiten, rhythmisch ein und aus. Wie Wellen kommt der Atem und geht wieder.

In unserer Gehirnentwicklung gehört der Hirnstamm als Zentrum für die Atmung zum ältesten Teil der Evolutionsgeschichte des Menschen. Hier werden einige essenzielle Körperfunktionen wie zum Beispiel Herzfrequenz, Blutdruck, Schlaf oder wichtige Reflexe gesteuert. Ein Infarkt in dieser Hirnregion kann für den Betroffenen lebensbedrohend sein, eine Schädigung der Atmung oder des Bewusstseins ist möglich. Bereits ein paar Minuten, in denen das Gehirn keinen Sauerstoff erhält, führen höchstwahrscheinlich zu Schädigungen und Funktionsausfällen des Körpers.
Versiegt unsere Atmung für längere Zeit, sterben wir. Die Versorgung unserer ganzen Organe mit Sauerstoff ist dann nicht mehr gewährleistet.

Aus Gründen von Stress und psychischen Belastungen kann unsere Atmung aus ihrem natürlichen Takt geraten. Im Umkehrschluss können wir uns durch unsere Atmung wieder mit uns selbst und unserem Körper verbinden. Wir möchten im Rahmen unserer Stressbewältigung das Verhältnis von Anspannung und Entspannung in ein ausgewogenes Verhältnis bringen. Wir haben gelernt, dass die Regenerationsphase besonders wichtig ist für unseren Körper, um weiteren möglichen Erkrankungen vorzubeugen.

Sie merken nicht, ob Ihr Körper angespannt ist und wie sich Entspannung anfühlt? Legen Sie sich bitte auf den Rücken auf den Boden, am besten auf den Teppich oder eine dünne Wolldecke. Durch unsere Matratzen oder gepolsterten Unterlagen fühlen wir unsere Wirbelsäule meist gar nicht mehr. Sie benötigen eine eher feste Unterlage, auf der Sie gerade liegen können, damit Sie einen Widerstand spüren. Den Kopf dürfen Sie mit einem Kissen unterstützen, am besten so, dass Sie mit Ihrem

Rücken und der Halswirbelsäule gerade bzw. in einer Linie liegen.
Die Hände können Sie seitlich neben dem Körper ablegen.

In dieser Haltung spüren Sie nun in sich hinein. Bereits nach kurzer Zeit bemerken Sie, wie sich Ihre Muskulatur beginnt zu entspannen und die Wirbelsäule sich absenkt. Sie dürfen sich im Liegen korrigieren, denn nach und nach lässt die Körperspannung nach.

Übung zur Körperwahrnehmung

Gehen Sie einmal auf eine Reise durch Ihren Körper. Wo liegen Sie am Boden auf, bzw. berühren den Untergrund mit Ihren Knochen? Ist es weich oder hart, wo ist es möglicherweise sogar unangenehm? Kann Ihr Nacken entspannen oder halten Sie den Kopf noch fest? Gehen Sie einmal von oben bis unten in der Vorstellung Ihre Gliedmaßen durch. Fangen Sie beim Kopf an, den Hals hinunter, dann in die Schultern. Von dort abwechselnd in die Arme bis zu den Fingerspitzen und wieder hinauf. Spüren Sie Ihre Atmung und den Brustkorb? Gehen Sie über Ihre Körpermitte abwechselnd auch beide Beine hinunter bis zu den Zehenspitzen. Merken Sie sich Ihren Körper wie eine Landkarte. Wo sind Verspannungen, wo können Sie locker lassen?

Da wir Menschen aufrecht gehen, leistet unser Bewegungsapparat den ganzen Tag über harte Arbeit. Unser Körpergewicht muss getragen, bewegt und gestützt werden. Bedingt durch unseren jeweiligen Alltag verspannen wir unsere Muskulatur häufig, manche Redewendungen bringen dies sprichwörtlich zum Ausdruck. Man "trägt sein Kreuz" und der "Verbissene" beißt sich im Wortsinn auf die

Zähne. Da kommt es beinahe jedem Menschen willkommen, wenn er nach einem anstrengenden Tag endlich auf die Couch fallen kann. Damit wir nicht schon total erschöpft nach Hause kommen, wäre es doch besser, schon tagsüber etwas für unsere Fitness zu tun?

Die Atemmeditation ist hierbei ein hilfreiches Mittel, um sowohl für unseren Kopf, als auch für unseren Körper eine kurze Entspannungspause herbeizuführen. Indem wir uns ganz bewusst unserer Atmung widmen und unsere Gedanken unterbrechen, stellen wir eine neue Verbindung von Kopf und Körper her.

Fragen Sie sich vorab, was Sie gerne erreichen möchten.
Falls Sie eine totale Entspannung wünschen, wäre die Atmung im Liegen auf dem Boden eine gute Methode. Möchten Sie hingegen nur kurz entspannen und nach kurzer Zeit wieder aktiv werden, eignet sich auch eine entspannte Sitzhaltung gut. Aus meiner Sicht müssen Sie nicht zwingend im Lotossitz verweilen, einige Menschen empfinden diese Position oder die Fersensitzhaltung als zu unbequem.

Es gibt den therapeutischen Grundsatz "Störungen haben Vorrang" (Ruth Cohn), was bedeutet, dass unsere Körperempfindungen frei sein mögen von Beschwerden und Schmerzen. Erst wenn uns nichts mehr zwickt oder wehtut, können wir uns geistig ganz auf eine Aufgabe einlassen. Für Ungeübte empfehle ich daher einfach eine bequeme Sitzhaltung, in der der Atem frei fließen kann. Dies kann auch sitzend auf einem Stuhl sein, angelehnt oder ohne Unterstützung des Rückens.

(Es mag aber durchaus sein, dass klösterliche Regeln ein solches Sitzen nicht empfehlen würden. Ich orientiere mich hierbei an der Ausgangsfrage: Was möchte ich erreichen? Möchte ich Disziplin in der Körperhaltung erreichen, macht ein anderes Sitzen wahrscheinlich eher Sinn - jedoch verbinde ich das dann in diesem Kontext eher mit Anspannung!)

Übung

Nehmen Sie nun eine Körperhaltung Ihrer Wahl ein. Im Liegen auf dem Boden oder auf einem Stuhl sitzend. Legen Sie die Hände seitlich neben den Körper (liegend) oder in den Schoß (sitzend).
Schließen Sie die Augen. Entspannen Sie Ihre Gesichtsmuskulatur mit einem Lächeln. Jetzt atmen Sie durch die Nase ein und durch die Nase oder die leicht geöffneten Lippen wieder aus. Beobachten Sie, wie sich Ihr Bauch hebt und wieder senkt. Lassen Sie mit so wenig Anstrengung wie möglich die Luft ein- und ausströmen, ganz so, wie es Ihnen angenehm ist. Am Ende des Einatmens beginnen wir reflexartig mit dem Ausatmen. Lassen Sie die Pausen dazwischen länger werden.

Suchen Sie sich ein persönliches Mantra, ein Wort, möglichst aus zwei Silben. "Frei-sein" könnte ein Beispiel sein, es sollte wohlklingend und positiv besetzt sein. Sie möchten gute Gedanken praktizieren und nicht das Gegenteil. Dieses Wort sagen Sie nun im Rhythmus Ihres Atmens still zu sich, beim Einatmen die erste Silbe und beim Ausatmen die zweite Silbe. So fahren Sie fort und beobachten Ihre Körperempfindungen und Ihre Vorstellungen. Lassen Sie alles, was sich in Ihr Bewusstsein drängt, einfach geschehen. Alle Gedanken, Gefühle und Bilder dürfen kommen und gehen. Halten Sie keines fest. Ihr Mantra hilft Ihnen, immer wieder zu Ihrem Atemrhythmus zurückzufinden.

Transfer

Sie können diese Übung ganz nach den Umständen wie Arbeitsplatz, Bus oder Wartezimmer anpassen. Manche Menschen machen so mehrmals täglich Meditationen von 5 Minuten oder länger. Auch können Sie natürlich die Augen offenlassen, jedoch sind Sie dann mehr durch äußere Einflüsse abgelenkt. Ein entspannter Blick nach unten mit halb geöffneten Au

Ziel ist eine tiefe Konzentration auf Atmung und Körper.

Indem Sie ein Mantra benutzen, unterbrechen Sie den Fluss der Gedanken!

Sie können Ihre Vorstellungskraft auch auf Ihr Energiezentrum lenken, welches sich ca. drei Fingerbreit unter dem Bauchnabel befindet.

Kapitel 14

HEILSAME BEWEGUNG

"Fürchte dich nicht vor dem
langsamen Vorwärtsgehen. Fürchte dich
nur vor dem Stehenbleiben."
Weisheit aus Asien

Sie möchten bis ins hohe Alter geistig und körperlich fit sein? Dann bringen Sie einfach Bewegung in Ihr Leben! So wie das Zitat den Stillstand in der Entwicklung meint, kann es auch auf unsere gesamte Aktivität angewendet werden.

Was passiert, wenn wir uns körperlich betätigen? Schon lange ist bekannt, dass es eine enge Wechselwirkung zwischen psychischen und physischen Vorgängen in unserem Körper gibt. Indem wir uns bewegen, lernen wir besser, da unser Gehirn besser mit Sauerstoff versorgt wird. Unser ganzer Stoffwechsel wird aktiviert und gewährleistet so, dass die wichtigen Nährstoffe in unsere Zellen gelangen und die Abfallstoffe abtransportiert werden. So können auch unsere Organe und unsere Muskulatur einwandfrei arbeiten. Unser Gehirn verbraucht verhältnismäßig sehr viel Energie, da es in hohem

Maße gefordert wird. Als zentrale Steuereinheit überwacht es schließlich alle Körpervorgänge in einer sehr komplexen Arbeitsweise.

Wir haben bereits gelernt, dass auch unser Gehirn dazu in der Lage ist, sich weiterzuentwickeln und zu verändern. In der Vergangenheit wurde irrtümlich angenommen, dass unsere Nervenzellen von Geburt an nach und nach absterben. Heute weiß man, dass das Gegenteil der Fall ist. Durch Aktivität von Körper und Geist ist es möglich, immer wieder neue Nervenverbindungen zu bauen und zu festigen. Je nach Anforderung - die viel genutzten Verbindungen sind stärker entwickelt - ist so Lernen bis ins hohe Alter möglich.

Beweglichkeit auf der mentalen Ebene können Sie erreichen, indem Sie Ihren Kopf immer wieder mit neuen Aufgaben fordern. Für manche Menschen sind es Kreuzworträtsel oder Sudoku, für andere Gaming-Spiele am Computer. Je nach Alter und Generation ändern sich die Freizeitaktivitäten und Vorlieben. Nicht förderlich ist es, wenn Sie an immer wiederkehrenden Routinen festhalten und keine neuen Herausforderungen annehmen. Dann stagnieren die lernenden Prozesse und es findet keine merkliche Entwicklung statt. Viele Hobbys sind für geistige Beweglichkeit geeignet: lesen, spielen, basteln, handwerken etc.

Auf der körperlichen Ebene können Sie ebenso ganz viel für sich tun. Für manche ist es Sport, für andere Spazierengehen in der freien Natur. Mit der richtigen Geisteshaltung ausgeübt, eignen sich die meisten Aktivitäten, um Ihre Gesundheit und Ihr Wohlbefinden zu steigern. Schädlich wird eine Tätigkeit dann, wenn Sie Ihre persönlichen Belastungsgrenzen überschreiten und Verletzungen davontragen.

Extremer Sport oder ein zu hohes Leistungsdenken, z.B. im Vergleich mit anderen, können hier kontraproduktiv sein. Haben Sie bereits Vorerkrankungen, kann ein Gespräch mit einem Arzt oder Therapeuten hilfreich sein, um mögliche Schädigungen auszuschließen.

Wenn ich an einen Urzeitmenschen denke, der vor dem Säbelzahntiger flüchtet, denke ich unweigerlich an Bewegung oder Sport. Wie sonst bringt man sich vor einer echten Bedrohung in Sicherheit? Die Stresshormone, die der Körper daraufhin ausgeschüttet hat, sind für eine Handlung bestimmt, die jedoch durch unseren veränderten Alltag meist nicht ausgeführt wird. Unsere täglichen Kampfsituationen unterscheiden sich eben von einer wirklichen Lebensgefahr. Das Ergebnis ist, dass der hormonelle Stress noch im Körper verweilt, bis er durch Stoffwechselprozesse nach und nach abgebaut wird. Wer regelmäßig Sport treibt, hilft seinem Körper sehr, die Abbauprozesse zu beschleunigen.

Aber auch moderate Bewegung ist dazu geeignet, unser körperliches und psychisches Wohlbefinden zu steigern. Vielen Menschen fällt es schwer, sich dafür feste Zeiten zu reservieren, dabei wäre schon ein täglicher Spaziergang von 30 Minuten Dauer förderlich. Unser Körper wird mit frischem Sauerstoff versorgt, der Stoffwechsel angeregt und die Muskulatur gelockert.
Unsere täglichen Anforderungen im Beruf oder Zuhause führen oft zu Verspannungszuständen oder sogar Schmerzen. Die meiste Zeit verbringen wir schließlich im Sitzen oder Stehen. Selbst unsere Kinder leiden heute unter akutem Bewegungsmangel, mit Folgeerscheinungen wie Übergewicht und Unsportlichkeit.

Eine naheliegende Überlegung hierzu ist, in den Alltag wieder mehr Bewegung einfließen zu lassen. So tun Sie ganz nebenbei und ohne speziellen Aufwand etwas Gutes für sich.
Sie können bewusst ein weiter entferntes Parkhaus wählen, sodass Sie noch eine Strecke zu laufen haben, oder eine Station früher aussteigen, wenn Sie mit dem Bus fahren. Wie wäre es zudem, grundsätzlich die Treppe zu wählen, statt den Aufzug? Oder spielen Sie doch einmal Ball mit Ihren Kindern, Sie waren doch auch einmal ein Kind!

Gerade unsere Vorbildfunktion für Kinder und Jugendliche ist enorm groß, Bewegung und Aktivität vorzuleben. Das Lernen durch Nachahmung spielt in der kindlichen Entwicklung eine sehr große Rolle, und wir ersparen uns dadurch auf sehr einfache Art und Weise lästige Predigten und Auseinandersetzungen. Kinder merken sehr schnell, wenn die Erwachsenen sich selber nicht daran halten, was sie fordern, und stattdessen faul auf der Couch herumliegen. Ein Vater oder eine Mutter, die mit ihrem Kind Ball spielt oder mehrmals in der Woche selber sportlich aktiv ist, ist ein besseres Vorbild. Dies gilt natürlich auch für andere Lebensgewohnheiten, wie die Einfahrt fegen oder den Müll rausbringen.

Viele Aktivitäten können unter dem Begriff "Bewegung" zusammengefasst werden. Öffnen Sie Ihren Geist und überlegen Sie sich, was auf Sie persönlich zutrifft.

Die bisherigen Kapitel enthalten außerdem zahlreiche Anregungen, die Sie in Ihre individuellen Aktivitäten einbauen können. Werden Sie aktiv und setzen Sie alles Gelernte in der täglichen Praxis um, so haben Sie den größtmöglichen Nutzen!

Hier noch ein paar Beispiele:
Entdecken Sie einmal Ihren Lieblingssport neu, indem Sie die Bewegungen achtsamer ausführen. Beim Fahrradfahren nehmen Sie öfters eine andere Fahrtstrecke als gewohnt und durchbrechen Ihre Routine, oder Sie erledigen Ihre Einkäufe mit dem Rad statt mit dem Auto. Spüren Sie bei der morgendlichen Gymnastik mehr in sich hinein und denken Sie sich immer wieder neue Übungen aus. Auch Tanzen zu Musik ist eine tolle Aktivität, die glücklich macht und den Körper fordert! In der Mittagspause können Sie schon einen kleinen Spaziergang machen und dabei abschalten.

Zen verfolgt das Prinzip der Einfachheit. Indem Sie bei Ihrem Alltag anfangen, erzielen Sie bereits ohne große Anstrengung viele kleine Erfolge. Die Ausübung eines Sports erfordert hingegen eine vorherige zeitliche Planung. Hierbei fördern Sie besonders die volle Aufmerksamkeit und konzentrierte Bewegungen, sodass Ihr Gedankenstrom auf wohltuende Art und Weise unterbrochen wird.

Übung

Überlegen Sie sich drei Aktivitäten aus Ihrem persönlichen Alltag, die Sie mit mehr Bewegung anders machen können! Fangen Sie sofort mit der Umsetzung an!

Transfer

Wie wäre es, drei gymnastische Übungen pro Tag zu machen? Sie dürfen den Zeitpunkt frei wählen, zum Beispiel morgens nach dem Aufstehen, nach der Arbeit, in der Mittagspause, vor der Entspannung auf

der Couch etc. Machen Sie eine tägliche Routine daraus!
Anregungen hierzu gibt es reichlich im Internet. Suchen Sie gezielt Übungen für Ihre Problemzonen, z.B. Nacken, unterer Rücken, Bauch.
Hat sich die Gewohnheit gefestigt, können Sie die Übungen beliebig variieren oder steigern!

Wahlweise können Sie auch mit einem täglichen Spaziergang von mindestens 20 Minuten beginnen!

Kapitel 15

UNTÄTIG SEIN

"Nichts tun ist besser als mit viel Mühe
nichts schaffen."
Weisheit aus Asien

Kennen Sie das? Nennen Sie Ihre Mitmenschen zu langsam oder faul? Es ist verpönt in unserem Kulturkreis, sich unproduktiv zu verhalten. Und der ein oder andere Kollege, Bekannte oder Familienmitglied erfreut sich sicher daran, uns zu ärgern und zu scheuchen. So haben wir uns schnell ein Verhaltensmuster angewöhnt, möglichst nicht anzuecken, und führen genügsam wie gefordert aus. Wir tun viel dafür, Konflikten aus dem Weg zu gehen. Heimlich nehmen wir uns dann häufig die Freiheit, auch mal dem Nichtstun zu frönen. Warum tun wir es unbeobachtet? Weil wir die Bewertung und Ausgrenzung der anderen fürchten.

Ich bin ein kreativ denkender Mensch. Oft erlebe ich das Phänomen, dass ich an einer Problemlösung überlege und zuerst keine brauchbare Idee bekomme. Über besonders knifflige Dinge brüte ich so schon mal mehrere Tage. Ganz oft passiert es dann, dass ich morgens aufwache und mein Gehirn im Schlaf - im vermeintlichen Untätigsein - die endgültige Antwort gefunden hat. Die Lösung präsentierte sich hier also nicht im konzentrierten Nachdenken, sondern erst nach einer Denkpause und ohne besondere Anstrengung. Das ist für mich ein klares Plädoyer für das "Untätigsein".

Die Leere, die Zeit dazwischen oder die Pause, sind wertvoller, als wir allgemein annehmen. Dabei haben Forscher unlängst kritisiert, dass selbst den Kindern heute die Zeit fehlt, mal nichts zu tun. Wir wissen darum, dass wir unter Druck viel leisten können, und darum fordern wir es ohne Unterbrechung. Wir sollen möglichst effektiv handeln, damit jede verfügbare Zeit maximal genutzt und verwertet wird. Dies ist sehr kaufmännisch bzw. wirtschaftlich gedacht und hat zur größtmöglichen Ausbeutung der menschlichen Arbeitskraft geführt.

Wenn Sie bereits angefangen haben, Ihr Leben zu entschleunigen und sich wieder mehr Entspannungspausen gönnen, haben Sie vielleicht auch schon die Erfahrung gemacht, dass Ihnen ganz neue Gedanken speziell in den Ruhemomenten kommen. Ähnlich wie ich oben den kreativen Moment beschrieben habe, tauchen spontane Impulse auf, für andere Blickwinkel. Die Leere, der Raum dazwischen, fungiert dann als Sprachrohr oder Ratgeber. Sie halten inne und hören auf Ihre innere Stimme. Diese geht so häufig unter im Alltagsgeschehen und im "Informationslärm", wo wir alle auf uns hereinprasselnden Reize verarbeiten müssen.

Bauen Sie daher am besten immer wieder Zeitpuffer in Ihren Tag ein, Zeit, in der Sie faul sind und vegetieren. Beobachten Sie sich und Ihre Gedanken, fahren Sie das Kopfkino runter und verfolgen Sie einmal kein Ziel, keine Absicht, keinen Plan. Ihr Gehirn wird es Ihnen danken.

Auch unser Immunsystem reagiert mit Schwäche, wenn wir unsere Belastungsgrenzen dauerhaft nicht einhalten. Man weiß längst um die Tatsache, dass ein höheres Krankheitsrisiko besteht, wenn wir unter chronischem Stress leiden - dann wird unsere Immunabwehr herabgesetzt. Zu der bereits erwähnten Regenerationsphase - der Entspannung - zählt auch das Untätigsein, ein Zeitabschnitt, in dem im Körper ein physiologisches Gleichgewicht wiederhergestellt wird. Nach psychischen und körperlichen Belastungen werden so stoffliche Mängel behoben und Anpassungsleistungen des Körpers vorgenommen.

Wir vergessen allzu oft, dass Leistungssportler spezielle Trainingsmethoden verwenden und umfassend medizinisch betreut werden, um ihren Körper immer wieder zu Spitzenleistungen und Rekorden zu motivieren.
In einem normalen Alltag mit den Belastungen aus Job und Familie, müssen wir ebenso die verbrauchten Nährstoffe auffüllen und die Ruhezeiten berücksichtigen. Andernfalls laufen wir Gefahr, ein andauerndes Ungleichgewicht zu produzieren, was unser Krankheitsrisiko steigert oder unser Wohlbefinden schmälert.

So wie Ihr Gehirn Zeit benötigt, um neue Nervenverbindungen zu knüpfen, benötigen auch Ihre Muskeln und Organe Zeit, bis die Zellen ausreichend mit Nährstoffen versorgt werden. Um eine gute Work-Life-Balance zu erreichen, lernen Sie wieder, auf Ihre innere Stimme zu hören. Gönnen Sie sich Pausen. Erst in der Leere, im Nichtstun erkennen Sie Ihr wahres Wesen mit all seinen Bedürfnissen.

Übung

Widmen Sie sich einmal am Tag einer völlig unproduktiven Tätigkeit, wie zum Beispiel aus dem Fenster schauen und die Leute beobachten. Sie können auch den Vögeln zuschauen oder der Katze vom Nachbarn. Können Sie das Untätigsein gut aushalten oder eher nicht?

Transfer

Tun Sie öfter für ein paar Minuten mal nichts, anstatt sich zu beschäftigen oder in den Aktivitätsmodus zu fallen. Es gibt reichlich Gelegenheiten dafür.

Kapitel 16

DER KLANG DER STILLE

"Klopfe an den Himmel und horche auf den Klang."
Weisheit aus Asien

Unser Gehirn wird in unserem jetzigen Leben vermutlich mehr gefordert, als jemals zuvor in der Menschheitsgeschichte. Wir sind im "Informationszeitalter" angekommen und häufen stetig große Mengen an Wissen an. Täglich sind wir einem permanenten, medialen Informationsstrom ausgeliefert, der Computer oder unser Handy beherrschen unseren Alltag. In der Freizeit verbringen wir zudem einen Teil unserer Zeit vor dem Fernseher oder dem Radio. Mit unseren Kollegen oder unseren Freunden tauschen wir uns darüber hinaus noch im Gespräch über diverse Themen aus. Die Menge an Daten, die wir aufnehmen, muss auch verarbeitet werden.

Wenn wir nicht aktiv entscheiden, vom ständigen "Informationslärm" weniger in unseren Kopf zu lassen, füttern wir unaufhörlich unser Kopf- und Gedankenkino. Zu unserem Schutz - und um wichtige von unwichtigen Informationen zu unterscheiden - verfügen wir zwar über Filtermechanismen in unserer Wahrnehmung, aber letztendlich ist unser Gehirn ständig und zunehmend einer viel zu großen Reizmenge ausgesetzt. Viele Menschen klagen über die anstrengende Kopfarbeit im Beruf und die Unfähigkeit, mal an nichts zu denken oder Pausen zu genießen.

Ein normaler Tag in der heutigen Welt ist zwangsläufig mit modernen Kommunikationsmitteln verknüpft. Denken Sie bitte jetzt einmal über Ihre persönlichen Internet und Handy Gewohnheiten nach. Könnten Sie sich feste Zeiten vorstellen, in denen Sie die Medieninformationen konsumieren? Allzu oft wollen wir unseren Kindern eben dies vorschreiben, sind aber selbst nicht dazu in der Lage, uns zu begrenzen.

Die medialen Veränderungen unserer Zeit haben die Gedankenstille vertrieben. Aber auch die echte Stille ist vertrieben worden. Sie ist verdrängt worden von akustischen Signalen, Motorgeräuschen, Musik-Playern und allen möglichen hörbaren, lauten und leisen Geräuschen einer Zivilisationsgesellschaft. Insbesondere in den größeren Städten ist es kaum möglich, der Geräuschkulisse zu entfliehen. Selbst nachts im Schlaf hören wir unter Umständen noch die Klänge fahrender Züge oder Straßenbahnen, Notarztwagen oder eine heimkehrende Partytruppe.

Unser Hörorgan, das Ohr, stellt auch im Schlaf seine Tätigkeit nicht ein, da es für uns wie ein Frühwarnsystem funktioniert. Hören wir einen Knall, sind wir sofort alarmiert. Hören wir unser Baby schreien oder den Hund bellen, wachen wir ebenso nach kurzer Zeit auf. Die äußere Wirklichkeit hält auf diese Art und Weise unseren Stresspegel stets aufrecht, da wir zunehmend keine echte Entspannung mehr erfahren können.

In den bisherigen Übungen, haben Sie möglicherweise schon einmal Lärm als störend empfunden und konnten in der Meditation nicht gut abschalten. Da ist Ihnen vielleicht bewusst geworden, dass auch Sie in einer lauten Umgebung leben. Jeder, der in einem Mehrfamilienhaus lebt, kennt die Lebensgewohnheiten seiner Nachbarn häufig vor allem durch die dazugehörigen Geräusche. Sie nehmen die spielenden Kinder wahr oder das Auto, das eingeparkt wird. Läuft der Fernseher zu laut, können Sie nicht einschlafen. Allzu oft sind wir schon abgestumpft und realisieren Störungen von außen nicht mehr. Erst wenn wir uns wieder bewusst machen, wie unser Lebensraum beschaffen ist, fällt uns auf, dass wir genervt sind. Dann können wir unseren Stress benennen.

Denken Sie bitte einmal nach. Wie oft sind Sie in der Natur und hören lediglich die Vögel zwitschern oder den Fluss rauschen? Gibt es für Sie eine "Ruheinsel", wo Sie der Straßenlärm nicht mehr erreicht? Wann ist es mal wirklich still in Ihren Wohnräumen? Gibt es Kinder oder Nachbarn, die sich in Ihrer Umgebung unterhalten? Welche Geräusche empfinden Sie als besonders störend?

So wie das Untätigsein seinen festen Platz in unserem Leben haben sollte, gilt das auch für unser Bedürfnis nach Stille. Im ruhigen Moment können wir loslassen vom Getriebe des Alltags. Hier können wir Kraft tanken, über Ideen und Träume nachsinnen oder Platz schaffen für neue Entwicklungen in unserem Leben. Das Hamsterrad, das uns allzu oft nicht rauslässt in die Freiheit, ist geschäftig und laut.

Für Menschen, die die innere Einkehr und ihr wahres Wesen suchen, ist Stille unabdingbar. Nur in der weitestgehenden Abwesenheit von Geräuschen können wir uns konzentrieren und tief versenken. Indem wir in uns selbst abtauchen, können wir erst der Sinnhaftigkeit unseres Lebens auf den Grund gehen. Erst wenn wir Ruhe und Klarheit in unserem Geist geschaffen haben, können wir inneren Frieden empfinden.

Übung

Schließen Sie die Augen. Praktizieren Sie einmal täglich eine kurze Sitzmeditation. Im Lotossitz oder Schneidersitz verweilen Sie, ohne sich zu bewegen, und konzentrieren sich auf die Geräusche in Ihrer Umgebung. Sie legen die Hände sanft und locker auf die Knie und widmen sich dem Hören. Achten Sie auf die Qualität der Laute: Sind sie zu laut, schrill oder störend oder leise, rhythmisch und angenehm etc.?
Lassen Sie einfach nur hier und jetzt sein.

Transfer

Suchen Sie einen Ort in der freien Natur auf. Setzen Sie sich auf eine Bank und lauschen Sie den Naturgeräuschen. Nehmen Sie die Veränderungen in Ihrem Bewusstsein wahr.

Kapitel 17

ERLEUCHTUNG

"Jedes Leben hat sein Maß an Leid. Manchmal bewirkt eben dieses unser Erwachen."
Buddha

Wie oft haben Sie schon gedacht: "Da hätte ich auch früher draufkommen können?“ So manche Erkenntnisse über uns selbst entspringen einer Lektion, die uns unser Leben erteilt. Und Buddha hatte vermutlich schon damals recht, als er im übertragenen Sinne sagte, dass es erst einmal wehtun muss, um zu erkennen. Das Bedürfnis nach einer Veränderung hat doch oft zum Ziel, uns von irgendeiner Art Leid oder Schmerz zu befreien und mehr Glück und Zufriedenheit in unser Leben zu bringen.

Als ich vor über 30 Jahren anfing, mich mit buddhistischen Lehren auseinanderzusetzen, dachte ich, dass es um eine einzige, große Erleuchtung ginge, die man sich durch lange spirituelle Praxis erarbeiten müsse. Und, dass es ein Zustand von "Entrücktheit" ist, den man zu erlangen sucht. Heute, mit weit mehr Lebenserfahrung, glaube ich, dass auch Buddha wusste, dass es eher der Blick für die kleinen, alltäglichen Dinge ist, der uns die Augen für das "Größere" öffnet. So wie wir in unserem Kulturkreis mittlerweile auch zu der Erkenntnis gekommen sind, dass man Glück in jedem Moment erfahren kann, den man bewusst wahrnimmt, so meinte auch Buddha ein Gewahrsein allen Geschehens.

Ich bezweifle nicht, dass es trotzdem ganz bestimmt auch entrückte, mystische Bewusstseinszustände gibt, die uns unsere Wirklichkeit anders erfahren lassen. Da ich einen medizinischen Beruf erlernt habe, weiß ich mittlerweile um viele außergewöhnliche Wahrnehmungen, zu denen unser Gehirn fähig ist. Wir Menschen können aber letztendlich nur das glauben, was sich innerhalb der Erlebnisfähigkeit unseres Gehirns abspielt. Fällt eine Hirnregion zum Beispiel durch eine schwere Kopfverletzung aus, werden wir unter Umständen auch wesensmäßig zu einer ganz anderen Person. Wir nehmen andere Charaktereigenschaften an und müssen manche Dinge ganz neu lernen. Unsere Angehörigen werden dann möglicherweise mitteilen, dass sie den Menschen nach der Erkrankung nicht wiedererkennen.

Als philosophisch denkender Mensch, glaube ich sowohl an die Existenz von Jesus Christus, als auch an das Leben anderer Religionsstifter. Aus allen Lehren lassen sich für uns Irdische wertvolle Erkenntnisse ziehen. So manches Schlüsselerlebnis in meiner Biografie, hat mich gelehrt, demütig vor der Größe der Schöpfung zu stehen und dankbar für mein Leben zu sein. Die Lektion, zum Beispiel, das Hier und Jetzt vollständig zu erfahren und achtsam auf den Augenblick zu schauen, wurde mir zuteil, als ich zum ersten Mal einen sehr wertvollen Menschen verloren habe. Da habe ich erst wirklich begriffen, dass ich nur den Moment besitze und alles in die Zukunft Gedachte lediglich eine Illusion ist.

So wie ein Mensch durch den Tod für immer verschwindet, so vergehen jegliche Glücksmomente, Gefühle, Gedanken oder auch unsere Gesundheit. Nichts ist für immer, absolut oder gar als selbstverständlich zu nehmen. Oftmals bleiben uns sogar nur noch die Erinnerungen an eine Episode in unserem Leben und wir können sonst weiter nichts Greifbares in eine neue Zeit mitnehmen.

Wie oft haben Sie schon gedacht, das finden Sie nie wieder? Einen besseren Job, eine neue Liebe oder eine Chance im Leben? Haben Sie es je wirklich besessen oder war es seiner Natur nach schon immer vergänglich?

Im Rückblick betrachtet, erkenne ich viele Erfahrungen, die meinen Lebensweg in eine andere Richtung gebracht haben. Und wahrscheinlich sind es diese vielen kleinen Erleuchtungen, die dann irgendwann ein erfülltes Leben ausmachen. Wer bereit ist, aus seinem ganz persönlichen Weg zu lernen und auch Mut zu Veränderungen hat, dem wird - so glaube ich - ganz bestimmt großes Glück und Zufriedenheit zuteil. Die Menschen, die einen Gott an ihrer Seite haben oder einen immerwährenden Glauben an den guten Ausgang einer Sache, sehe ich dabei ganz klar im Vorteil. Der Glaube an das Bestmögliche oder gar das Unmögliche schafft erst die Voraussetzung, dass es auch eintreten möge. So können wir dem Schicksal dabei helfen, eine Chance auch für uns ganz persönlich bereitzuhalten.

In der Psychologie nennt man dies die "selbsterfüllende Prophezeiung".

Wenn wir uns der Vergänglichkeit des Lebens bewusst werden, erkennen wir, dass der Augenblick kostbarer ist, als alles Materielle, was wir besitzen. Gegenstände und Reichtümer sind austauschbar und ersetzbar, verfügen wir über Geld, können wir uns alles kaufen. Mit der Zeit, oder der gelebten Zeit, verhält es sich anders. Erlebnisse und Erinnerungen sind nicht käuflich, und besitzen tun wir die Zeit nur in dem einen, gegenwärtigen Moment. Wenn ich vor wichtigen Überlegungen oder Entscheidungen stehe, frage ich mich oft, was ich tun würde, wenn es eine meiner letzten Handlungen auf dieser Erde wäre. Wenn ich um den bevorstehenden Tod weiß, bekommen meine Taten eine andere Wichtigkeit oder Bedeutung. Seitdem habe ich weitaus weniger ungeklärte Konflikte mit Menschen, die mir etwas bedeuten, oder ich gebe auch mein Geld anders aus. Lieber "kaufe" ich mir ein Erlebnis, als zum Beispiel einen Einrichtungsgegenstand.

Wenn es um die Fragen in unserem Leben geht, was uns wichtig oder unwichtig ist, ist der Tod oder die Vergänglichkeit ein guter Ratgeber. Die Endlichkeit und Endgültigkeit verschieben unsere Wahrnehmung, rücken andere Dinge in den Vordergrund. Hier können wir uns den Sinn unseres Lebens bewusst machen und uns von überflüssigem Stress befreien.
Auch wird mir beim Nachsinnen dann immer wieder klar, dass kein angehäuftes Wissen über meine Zufriedenheit entscheidet, sondern dass es um das Handeln geht, welches den bleibenden Eindruck hinterlässt.

Zögern Sie nicht zu lange, Ihre Ideen und Träume zu verwirklichen. Erst eine realisierte Idee ist tatsächlich Wirklichkeit. Nur auf eine Aktion kann eine Reaktion

erfolgen. Alles, was nur in Ihrem Denken oder Kopf verweilt, hat noch keine große Bedeutung!
Indem wir das Leben als dauernde Veränderung begreifen und wissen, dass wir einen Teil dazu beitragen können, verbinden wir die innere Wirklichkeit mit der äußeren. Wir müssen lediglich Stück für Stück unsere Vorstellungen von der Welt ändern und die daraus resultierenden Erwartungen an das Leben. Wir haben mit all unserem Wissen nur eine Beschreibung der Welt gelernt und nicht die Welt an sich! Wer nicht krampfhaft an seiner Realität festhält, sondern sich in den ewigen Fluss des Geschehens begibt, kann schließlich loslassen und einfach nur "sein". Alles, was Sie loslassen, finden Sie in einer anderen Form wieder. Alles loslassen macht Platz für Neues.

Übung

Wofür sind Sie dankbar? Schauen Sie auf Ihren Lebensweg. Was ist gut für Sie gelaufen? Was hat Ihnen dabei geholfen?

Transfer

Gehen Sie täglich abends noch einmal alles heute Erlebte durch. Erinnern Sie sich an drei Dinge, für die Sie an diesem Tag dankbar sind!

Kapitel 18

DER WEG

"Du kannst den Pfad nicht beschreiten,
solange Du nicht selbst der Pfad geworden bist."
Aus dem Zen-Buddhismus

Wir sind heute am Ende Ihres Weges mit diesem Buch angelangt. Ich hoffe, ich konnte Ihnen ein paar hilfreiche Denkanstöße und Inspirationen geben, wie Sie Ihr Bewusstsein schärfen können. Die Kernbotschaft des Zen ist ja weniger ein Verstehen oder ein intellektuelles Begreifen, sondern eine gelebte Praxis. Nur wer bereit ist, sich täglich in seinem Handeln zu üben, darf schließlich von der Belohnung für die Geduld und Hingabe des Übens kosten.

Auf manche Erkenntnis muss der Einzelne auch einen Teil seiner Lebensgeschichte warten, bis ein Schlüsselerlebnis eintritt, was einmalig und für kurze Zeit das Fenster zur Wahrnehmung öffnet und neue persönliche Entwicklungen ermöglicht. Andere Erkenntnisse lassen sich durch Übungen erfahren, aber erwarten Sie keine Wunder. Den ein oder anderen Erfolg durfte ich erst erleben, als ich schon viele Jahre geübt hatte!

Immer wieder verfällt der Mensch in seine gewohnten Muster, der Alltag vereinnahmt uns ja permanent mit seinen Aufgaben. Wir sind keine Mönche oder Nonnen, die abgeschieden den ganzen Tag meditieren und experimentieren können. Wer für seine Existenz aufkommen muss, kann nur in dem Maße praktizieren, wie es der Beruf und das Umfeld zulassen. Trotzdem denke ich, dass jeder Mensch die Möglichkeit hat, die in diesem Buch beschriebenen Gedanken und Übungen auszuführen und der Erkenntnis oder einem Teil davon, etwas näherzukommen.

Seien Sie möglichst unperfekt auf Ihrem Weg. Wer viele Fehler macht, ist um viele Erfahrungen reicher! Eine Abkürzung durch reines Denken und Verstehen gibt es in diesem Lerngebiet tatsächlich nicht. Es gibt hierzu eine Geschichte von einem Zen-Schüler, der seinen Meister voller Neugierde fragt: "Was ist der Weg?" Der Meister antwortet: "Der alltägliche Geist ist der Weg". Der Schüler fragt weiter: "Ja, und wie findet man diesen Weg?" Der Zen-Meister antwortet: "Je mehr Du versuchst, ihn zu finden, desto mehr entfernst Du Dich von ihm".

Jedes Prinzip, welches ich in dieses Buch aufgenommen habe, lässt sich beliebig mit den anderen Prinzipien kombinieren. Alles ist eins in einer ganzheitlichen Betrachtungsweise und das eine ist in allem enthalten. Zen ist eine Geisteshaltung, die sich über alles, was wir bisher in unserem Leben gelernt haben, hinwegsetzt. Alle Begrifflichkeiten müssen neu gedacht werden, um zu erkennen, dass sie das Wesen der Dinge nicht erfassen.

In unserem Tun können wir erst die Essenz des Lebens entdecken. Gelingt es uns, eins zu werden mit dem, was wir tun und wie wir es tun, kommen wir dem Zustand der Selbstvergessenheit näher. Dann erübrigt sich jegliches Denken und wir sind in einem "Strom" des Bewusstseins. Sind wir unserer Natur nach ein zerstreuter Mensch, wird es uns nicht gelingen, diesen Zustand zu erreichen. Auch Konsum bewusstseinserweiternder Mittel wie Alkohol und Drogen verschafft uns nicht die Möglichkeit der Erkenntnis. Sie täuschen uns maximal verzerrte Wahrnehmungen vor, die für ein spirituelles Erleben keine nennenswerte Bedeutung haben. Welchen Nutzen sollten Betrunkenheit und Rausch für ein klares Bewusstsein haben?

Die Sehnsucht des Menschen kommt viel eher in der konzentrierten Sammlung zum Ausdruck. Indem wir eins werden mit unserem Handeln und all unser störendes Denken vergessen können, kommen wir einer "höheren Wirklichkeit" näher. Wer sich den bildenden Künsten widmet oder eine andere Tätigkeit mit Kunstfertigkeit und Liebe ausübt, weiß, welchen Zustand ich gerade versuche zu beschreiben. Dabei ist es egal, ob es sich um einen Sport, ein Handwerk oder etwas anderes handelt.
Dann haben wir übrigens ebenfalls Stress, den positiven Eustress, der uns zu Höchstleistungen befähigt. Auch da können wir uns physisch verausgaben. Achten Sie daher immer sorgfältig auf die Begleitumstände Ihres Tuns.

Wir sind Menschen und unser Gehirn sucht nach einer harmonischen Beziehung zu unserem Körper und der Welt außerhalb von uns. Nur in uns selbst können wir Wohlbefinden und ein ausgewogenes Gleichgewicht herstellen. Alles, was wir empfinden und tun, ist eine Projektion unseres Denkens nach außen. Verändern wir unser Denken, verändern wir auch die Wirklichkeit, wie wir sie aktuell wahrnehmen.

So können wir eine schrittweise Umgestaltung in ein stressfreieres und sinnerfülltes Leben schaffen.

Unser Handeln stellt die Verbindung dar, die zwischen unserem Denken und der Wirklichkeit geknüpft wird. Nur wenn Sie dazu bereit sind, die Grenzen Ihres Denkens zu verschieben und Ihre Vorstellungen anschließend in die Praxis umzusetzen, können sich Ihre Wünsche manifestieren. Erkennen Sie auch die Chancen und Möglichkeiten des bewussten Nicht-Handelns!

Gehen Sie auf Ihrem Weg in Ihrem Tempo. Es gibt kein richtig und kein falsch, kein gut und kein schlecht. Es gibt nur Lernen und die Bereitschaft, ein Leben lang ein Lernender zu sein. Die Kunstfertigkeit, die sich daraus entwickelt, ist Ihr persönlicher Perfektionismus und kein von außen gesetztes Ziel. Indem wir uns auf Ziele konzentrieren, verlieren wir nur den Blick für den Weg.

Es ist in etwa so: Es macht einen Unterschied, ob Sie auf der Autobahn nach Rom fahren oder über die Landstraße, oder? Da Sie sich für dieses Buch entschieden haben, gehe ich mal davon aus, dass Sie auch lieber die Landstraßen fahren mögen? Genießen Sie die Umwege. Rom steht lediglich am Ende Ihrer Reise!

Ich wünsche Ihnen von Herzen eine gute Reise zu Ihrem persönlichen Rom. Werden Sie der Mensch, der Sie sein wollen!

Übung

Schreiben Sie die Stationen Ihres bisherigen Lebens auf. Wo kommen Sie her, wo wollen Sie hin?

Transfer

Stellen Sie sich immer wieder Ihre Träume und Ideen vor. Wer möchten Sie sein? Malen Sie sich die Bilder möglichst detailgetreu aus. Was fühlen Sie, wie sieht es genau aus, etc.? Wie würden Sie es schaffen, dahin zu kommen...?

Glossar

Achtsamkeit
Homöostase
Konstruktivismus
Lerntheorien
Mentales Training
Modelllernen
Neuroplastizität
Priming
Projektion
Reframing
Selbsterfüllende Prophezeiung
Selbstorganisation
Selbstwirksamkeit (A. Bandura)
Systemtheorie
Visualisierung
Widerstand

Die Autorin erhebt nicht den Anspruch, ein Fachbuch geschrieben zu haben. Im Gegenteil. Ziel war es, in anschaulicher Art und Weise einfache Denkanstöße und Ideen zu geben. Es wurde bewusst weitestgehend auf Erklärungen und Fachterminologie verzichtet, um den Lesefluss nicht unnötig zu stören. Die Übertragung von Zen-Prinzipien in westliche Lebensräume unterliegt der freien Interpretation der Autorin. Alle Erkenntnisse stehen aber trotzdem nicht im Widerspruch zu angewandtem medizinischem Wissen. Bei Zweifeln oder ernsthaften Beschwerden sollten sie jedoch einen Arzt oder Therapeuten aufsuchen! Eine Vielzahl therapeutischer Maßnahmen, die hier nicht erwähnt werden, kann Sie auf Ihrem Weg positiv unterstützen!

Danksagung

Ein Buch entsteht häufig erst durch Inspiration und Gedankenaustausch. An dieser Stelle möchte ich mich bei allen Weggefährten der letzten Jahre bedanken. Da gab es viele Gespräche über Weltanschauungen, persönliche Erfahrungen und das Thema "die Seele des Menschen". In einer Welt, in der kulturelle Lebensräume immer mehr verschmelzen, haben mich besonders die Gemeinsamkeiten, statt der Unterschiede interessiert.

1. Auflage

der bereitgestellten Informationen. Alle Ratschläge und Übungen wurden mit größter Sorgfalt erarbeitet und in der Praxis erprobt. Liegen Zweifel oder Erkrankungen vor, lassen Sie sich durch einen Arzt oder Therapeuten beraten.
Eine Haftung für Personen-, Sach- oder Vermögensschäden ist ausgeschlossen.
Alle Angebote sind freibleibend und unverbindlich.

Literaturhinweise

Texte Dritter sind in diesem Buch als solche gekennzeichnet. Die Autorin hat sich ernsthaft bemüht, die Primärquellen für die hier zitierten Sinnsprüche und Parabeln und somit eventuelle Rechteinhaber zu eruieren. Dies war jedoch nicht in allen Fällen möglich, weil sie so, oder in Variationen, weit verbreitet sind, was eine Rückverfolgung bis zu ihrem Ursprung erschwert oder unmöglich macht.

Tao Te King, Das Heilige Buch vom Tao, Laotse, Schirmer Verlag 2005

Psychologie, Gerrig, Zimbardo, Springer-Verlag, 7. Auflage 1999

Medizin & Gesundheit, Nachschlagewerk für Pflegeberufe, Ärzte und Patienten, Urban & Fischer GmbH & Co / Naumann & Göbel Verlagsgesellschaft mbH, 1999

Gehirn & Geist, Spektrum der Wissenschaft Verlagsgesellschaft mbH

Zen, Schumacher, Diederichs kompakt, 2001

Ohne Worte - ohne Schweigen, 101 Zen Geschichten und andere Zen-Texte aus vier Jahrtausenden, Reps, Otto Wilhelm Barth Verlag

Notizen